*Troisième édition.*

# HUGUES LE ROUX

# LE CHEMIN
# du Crime

PARIS
**VICTOR-HAVARD, ÉDITEUR**
168, Boulevard Saint-Germain, 168

1889

LE

# CHEMIN DU CRIME

## DU MÊME AUTEUR

L'ENFER PARISIEN (4ᵉ *édition*). . . . . . . . . . . . 1 vol.
CHEZ LES FILLES (3ᵉ *édition*). . . . . . . . . . . 1 vol.

ÉVREUX, IMPRIMERIE DE CHARLES HÉRISSEY

HUGUES LE ROUX

# Le Chemin DU CRIME

TROISIÈME ÉDITION

PARIS
VICTOR-HAVARD, ÉDITEUR
*168, Boulevard Saint-Germain, 168*

1889
Droits de traduction et de reproduction réservés

A

Monsieur CHARLES EDMOND

*Hommage de respectueux attachement*

HUGUES LE ROUX.

# LE CHEMIN DU CRIME

## LA QUESTION DE L'ENFANT

### I

### L'ASILE MATERNEL

Pendant l'été de 1887, les Parisiens furent convoqués par les amis des marmots à une Exposition d'hygiène enfantine, ouverte dans le pavillon de la Ville.

Je me souviens que je visitai cette bonne ruche avec un intérêt très vif et fort attendri. Les neuf rubriques sous lesquelles les différents objets d'exhibition avaient été groupés embrassaient toute l'histoire du petit enfant, depuis la sortie de la coquille jusqu'à la quittée du nid, jusqu'à l'heure du ferme vol. Cela commençait par des bibliothèques de livres excellents auxquels on avait eu le tort léger de donner des noms un peu barbares, — *Traités de pédiatrie*, de *pédagogie, de puériculture*, — mais qui etaient tout de même très instructifs et très maternels. Après ces généralités techniques, venait le « rayon » étiqueté *Naissance*. On voyait là, près des piles de beaux langes, de fines bandelettes, des barcelonnettes mystérieuses comme des chapelles pour les petits riches, des berceaux d'osier pour les petits pauvres, des couveuses à poussins pour les imprudents qui ont été trop pressés de voir le jour. La troisième et la quatrième section groupaient tous les procédés d'allaitement : celui de la mère, celui des bêtes nourrices, et l'autre, le suspect, l'artificiel. C'était le département des pèse-bébés et des lactomètres, des biberons, des farines, des conserves, des tire-lait, des tableaux d'analyses comparatives : laits de vaches, d'ânesses, de chèvres, de brebis. Après venait la section dite d'*Hygiène préventive*, pour les bambins sortis du maillot, pour les aguerris que l'on trempe dans l'eau froide comme le petit Achille dans les torrents de Tempé, pour les clapoteurs de baignoires, les escaladeurs de chaises, les buveurs au gobelet.

Tout cela faisait plaisir à voir, tout cela souriait au cœur comme aux yeux. Mais nous sommes d'un monde où tous les paradis ont un enfer. Donc, de loin, j'entrevis la sombre section de torture. Une triste inscription se balançait au-dessus : *Appareils orthopédiques contre le rachitisme, les maladies de croissance...* Je ne voulus pas aller par là. Je détournai les yeux des gouttières immobiles où les petits déboîtés s'allongent pour des années, des vilains instruments de géhenne en acier et en fer. Je me sauvai vers la section des « Jouets, bonbons, voitures, images et spectacles d'enfants ». Là, je revis la lanterne magique, les soldats de plomb, les boîtes de couleurs inoffensives, l'Opéra-Bijou, avec ses six pantins, pendus, à la botte, au bout des fils de fer, les images d'Épinal, les alphabets illustrés, tous mes souvenirs, toutes mes joies d'enfance, tous les objets de la joie éternelle des bébés de tous les temps. Et un grand désir me prit d'entendre près de moi un de ces bons rires d'enfant,

> ... Ouvrant bouches et cœur
> Qui montre en même temps des âmes et de perles.

Oui, vraiment, une seule chose manquait à cette exposition d'hygiène de l'enfance : la présence des enfants eux-mêmes ; on souhaitait y entendre des vagissements de « petiots », des chansons, des allées et venues de nourrices. Après avoir admiré tant de berceaux vides, l'envie vous prenait, irrésistible, d'aller un peu visiter des crèches pour voir des bébés dedans.

Je songeai alors que, dans le temps où j'avais été coucher à l'hospitalité de nuit avec les vagabonds, M. le baron Rose, qui est un des membres les plus zélés de la Société philantropique m'avait dit :

— Il faudra que je vous conduise un jour voir l'asile des nouveau-nés.

Et en effet, pour ceux-là mêmes, il a fallu ouvrir une maison de refuge, car il est nombreux sous le ciel le peuple des petits Ismaëls, sans père, sans rien pour boire, rejetons de la servante chassée qui crie dans le désespoir :

« Non je ne verrai pas mourir mon enfant. »

J'allai rappeler à M. Rose sa bonne promesse d'antan. Il voulut bien m'accompagner dans ma visite, et tandis que nous roulions en voiture vers les hauteurs de Montrouge, il me donna les renseignements qu'on va lire sur la nouvelle fondation de la Société philanthropique :

Le premier asile de nuit pour les femmes était à peine ouvert rue Saint-Jacques que les accouchées s'y rendirent en foule au sortir de la Maternité; en effet, dans cet hôpital le nombre restreint des lits ne permet pas à l'administration de conserver ses pensionnaires en traitement plus de neuf ou dix jours. Après cet espace de temps, si aucune complication n'est survenue, on est obligé de mettre le billet de sortie dans la main des malades.

Le flot de la vie monte toujours.

Les gésines chassent les relevailles.

Donc, été comme hiver, les pauvres douloureuses s'en allaient devant elles, à la recherche du travail, du pain et du gîte. Pendant ces premiers jours de faiblesse et de souffrances physiques, elles étaient heureuses de trouver à l'asile de la rue Saint-Jacques un lit pour cinq nuits et la soupe du matin et du soir. Mais la plupart se trouvaient dans un tel état de faiblesse qu'il était impossible d'exiger qu'elles quittassent l'asile, comme le veut le règlement, pendant la journée, pour aller chercher du travail. C'est alors qu'une femme de bien, dont la mémoire doit être bénie des pauvres, feu M^{me} la baronne Hottinguer, eut la généreuse pensée d'adjoindre à l'asile des femmes une salle de six lits que l'on réserva aux accouchées en relevailles. Là ces nourrices épuisées purent faire une station d'une dizaine de jours, et se réconforter par un régime de bouillon, de viande et de vin, avant de reprendre leur dur voyage.

C'est cette fondation de M^{me} Hottinguer qui est devenue l'Asile Maternel.

M. Rose en était là de ses explications quand, tout au haut de l'avenue du Maine, au n° 201, à côté de l'église Saint-Pierre de Montrouge, la voiture s'arrêta devant un petit mur que débordaient des verdures, du lierre et des arbres.

Un jardin parut où il y avait de l'ombre et du soleil. Un homme en blouse voiturait de la terre à pleines brouettes pour élever un gazon, dont il avait marqué sur le sol le dessin avec sa bêche.

— Cet homme-là, me dit mon compagnon, travaille pour rien. C'est un jardinier à qui la Société philantropique a donné dernièrement une somme de 500 francs., afin qu'il achetât tous les outils nécessaires à l'exercice de son métier. En reconnaissance, il nous offre gratuitement son travail et ses fleurs.

Sur des bancs à l'abri de l'air, dans une tiède chaleur de petite Provence, des femmes, toutes très jeunes, se promenaient, leurs enfants sur le bras. Nous les saluâmes au passage, marchant vers la maison. Une religieuse venait de paraître dans le cadre de la porte.

L'Asile maternel est desservi par trois sœurs de la Conception : l'une assez âgée, une Alsacienne — c'est la supérieure de la petite confrérie ; une toute jeune sœur, fluette, intelligente, active, qui a bien l'air d'une enfant de Paris et qui est la directrice de la maison ; elle rédige les comptes, entretient avec les nourrices une volumineuse correspondance et s'occupe de trouver du travail à ses pensionnaires. La troisième sœur règne sur les dortoirs et sur la lingerie.

C'est cette petite pièce que nous avons visitée tout d'abord ; les piles de langes et de draps montent au plafond, et dans les cases, la vieille sœur alsacienne nous montre avec orgueil de belles robes d'un bleu cru, détonnant, épouvantable ; des béguins au crochet avec quelques faveurs passées dans la petite dentelure.

— Dame, dit-elle quand nous la félicitons sur ses richesses, nous aimons bien que nos enfants soient beaux les jours de fête, le dimanche.

Elle pousse une porte ; nous voilà dans la buanderie. Lavage et repassage sont exécutés par des femmes prêtées par l'asile de la rue Saint-Jacques. Elles attendent là l'heure d'entrer à la Maternité. De l'autre côté de la maison se trouvent la salle à manger et l'ouvroir. Nous y trouvons une dizaine de femmes avec leurs enfants sur les bras; d'autres enfants sont par terre, dans des berceaux d'osier. Il y a dans une corbeille un petit Tom-Pouce, long d'un pied, gros comme un pigeon. Il nous regarde avec des yeux trop grands qui dévorent sa figure vieillotte. Presque tous ces pauvres bébés ont ces yeux-là, des yeux de misère, effarés de vivre.

Les dortoirs sont situés au-dessus. La propreté en est charmante. Chaque lit, enveloppé d'un couvre-pied de bourrette rouge, a près de soi un berceau à rideaux de calicot d'une éblouissante blancheur. Les fenêtres sont ouvertes, on aperçoit des jardins et le clocher de Montrouge, qui, au taper de l'heure, emplit tout l'asile de la vibration de sa sonnerie.

Dans les vingt lits des deux dortoirs, 258 femmes, et encore plus de bébés, — il y a eu quelques cas de jumeaux, — ont couché depuis le mois d'octobre. On accueille, sans distinction de nationalité ni de religion, toutes les femmes qui se présentent avec un billet de sortie d'hôpital ou un certificat de sage-femme. La plus grande liberté est laissée aux pensionnaires de l'asile ; elles peuvent sortir tout le jour pour chercher du travail, à la seule condition d'être rentrées un peu avant le repas du soir, qui se prend vers six heures et demie. Le coucher a lieu une heure plus tard. On se lève un peu tard le matin ; les femmes qui ne sont point trop souffrantes font elles-mêmes leur lit; le médecin vient visiter mères et nourrissons deux fois par semaine.

La clientèle de la maison — il faut s'y attendre — est composée presque exclusivement de filles-mères. Les femmes mariées, même celles qui viennent là à bout de misère et après l'abandon des maris, souffrent visiblement du contact des filles. Ces malheureuses femmes, auxquelles l'Assistance publique n'accorde pas les trente-cinq francs allouées aux filles pour le premier mois de nourrice, sont les plus intéressantes parmi les pensionnaires de l'asile. On m'a cité l'exemple d'une femme de quarante et un ans, déjà mère de huit enfants, qui est venue dernièrement faire ses couches à l'avenue du Maine. Son mari, un bon ouvrier charpentier, n'ayant pu réussir à trouver du travail, vendait pendant ce temps, des boutons à deux sous la douzaine dans les marchés.

Cet âge de quarante et un ans est une limite extrême ; d'autre part, la plus jeune fille mère qu'on ait recueillie à l'asile venait bien juste d'atteindre seize ans ; le plus grand nombre oscillent entre dix-huit et vingt-quatre ans ; elles sont, dans une proportion formidable, domestiques et ouvrières de modes ; deux jeunes personnes, qui s'étaient données d'abord comme des domestiques, ont fini par avouer leur profession d'institutrices.

J'ai demandé aux sœurs si ces malheureuses filles étaient bonnes mères. Pour beaucoup la tendresse ne vient qu'à la longue, avec le lait; elles ont eu, pendant de longues semaines, trop d'inquiétude et de souffrance pour aimer leur petit du premier coup. Nombre d'entre elles sont irrégulières dans l'envoi des gages aux nourrices campagnardes; elles n'apportent point d'argent à la sœur pour payer les mois de lait; il faut alors écrire, lettre sur lettre, aux nourrices, qui montrent une courte patience et accablent les sœurs d'épitres geignardes, indéchiffrables. Dans l'un de ces réquisitoires, que j'ai épelé tant bien que mal, l'éleveuse reprochait à la mère de l'enfant de n'être point *naturelle!* Mais l'indifférence est l'exception, non la règle. Pêle-mêle avec ces tristes lettres de récriminations, j'ai lu bien des billets écrits aux sœurs, longtemps après la sortie de l'asile, et où ces pauvres filles, qu'on a secourues à l'heure de l'universel abandon, versent toute l'émotion, toute la reconnaissance de leur cœur. Les grosses écritures sont tremblées, on donne des nouvelles du petit qui profite. On raconte ses feux de dents et sa gourme, et, pour faire honneur aux « chères bienfaitrices », on découpe le papier blanc en dentelle, on y noue des faveurs bleues.

Parfois aussi ce sont les parents qui écrivent. Une de ces lettres de vieux m'a remué les entrailles.

« Je me recommande à votre cœur charitable, mes chères sœurs, — dit cette lettre trempée de larmes, —

d'avoir la bonté de vous occuper de chercher une place à ma fille. Elle promet de suivre vos bons conseils et d'avoir une meilleure conduite. Je vous en prie veillez sur elle. Et son lait n'est pas encore passé, il pourrait lui faire du mal. »

Et en bas, pas de signature, mais seulement :

« Le père et la mère de Maria. »

Ce petit parloir où nous sommes a vu bien des scènes douloureuses.

Le mois dernier, un pauvre homme de cantonnier vient frapper à la porte de l'asile et réclame sa fille. Le maire du pays lui avait fait connaître que l'on demandait de Paris l'acte de naissance de son enfant. Il connaissait ça, les papiers : quand on les faisait venir, c'est que les gens étaient morts ou en train de mourir. Ça s'était passé ainsi, trois semaines auparavant, pour son fils, mort des fièvres au régiment d'Afrique.

Il part d'Orléans, à pied, il va frapper à la porte de tous les hôpitaux ; il arrive là.

— Oh ! mon Dieu !

— Il pleurait tant, me dit la vieille bonne sœur, que moi aussi je pleurais de le voir. Il ne l'a pas trop secouée, ce n'était pas de sa faute à cette fille. En arrivant à Paris, à la gare, un garçon lui avait pris sa malle, l'avait conduite dans un hôtel ; elle n'avait pas pu échapper.

A la fin, quand il a été pour partir, le vieux disait :

— « J'aime mieux ça tout de même que si tu étais morte. »

Il avait apporté de son pays un gâteau de farine et d'œufs pour le donner à celles qui soignaient sa fille; mais le voyage avait duré bien plus de temps qu'il ne pensait, le gâteau était rassis, il n'osait plus le donner. Il est sorti avec sans rien dire. Mais au coin de la rue, en quittant sa fille, il le lui a remis tout de même.

— « Je ne peux pas le remporter, a-t-il dit, ça ferait de la peine à ta mère! »

L'autre soir, à la terrasse d'un café, je contais cette histoire à un boulevardier très connu des tortonisants. Il me répondit d'un ton gouailleur :

— Vous dites qu'on a couché deux cent cinquante-huit femmes en huit mois. Combien en a-t-on laissé à la porte ? Multipliez tant qu'il vous plaira vos œuvres de charité, vous ne secourrez jamais la millionnième partie des misères. Mais cela vous est indifférent, vous ne songez qu'à vous affranchir vous-même de la pensée égoïste que vos semblables souffrent, que vous pourriez souffrir comme eux, et vous vous débarrassez de ces soucis à bon compte.

Je ne savais trop que répondre. Depuis, ayant ouvert au hasard une des brochures qu'on m'avait données à l'asile, je suis tombé sur ces lignes consolantes :

C'est un fragment du discours que M. Pasteur prononça, dans le petit jardin de l'asile, le jour de l'inauguration. Il répond à tous les découragés à qui le poids de la douleur humaine semble si lourd, si insoulevable, qu'ils refusent de lui prêter leur épaule.

« Je lisais un jour, a dit l'illustre savant, cette phrase de la sagesse indienne : Celui qui a planté un arbre avant de mourir n'a pas vécu inutile. Vous n'avez pas planté les arbres qui sont derrière cette petite maison, mais vous aurez permis à de pauvres femmes de venir à leur ombre prendre quelque repos avec un enfant dans les bras. »

II

## LA MAISON DES « JÉSUS »

C'est ainsi que le peuple les appelle, d'un mot qui ne peut choquer la religion de personne et où, lui, il met sa tendresse apitoyée, un peu mystique pour les petits qui dorment dans les berceaux.

Ils sont plus nombreux qu'on ne croit dans cette grande ville où il semble pourtant que la philanthropie ait bâti des palais pour toutes les misères.

Vous venez de voir qu'il y a des asiles où la relevée peut s'arrêter une heure pour donner le sein à son nouveau-né ; mais vous êtes-vous jamais demandé ce que deviennent ces enfants grandis quand la mère s'alite ?

Nos ouvriers vivent d'une vie précaire : le gain du jour suffit tout juste au pain du soir ; on végète pourtant, on élève des familles nombreuses, à condition que le travail ne manque point et que la grève ou le cabaret ne détournent point le père du chantier. Si d'aventure quelque accident survient à l'homme qui entraîne seulement une quinzaine de chômage, voilà le budget déséquilibré ; on en a pour des mois, peut-être pour des années, à se débattre dans l'angoisse des dettes.

Mais la suprême misère, c'est quand, dans la maison, la mère tombe malade.

Elle a eu des enfants, coup sur coup, pendant les premières années de son mariage ; elle a travaillé jusqu'à la dernière minute de ses grossesses, elle s'est relevée trop tôt après les naissances. Tous ces enfants qu'elle a nourris lui ont sucé sa propre vie à la mamelle. Elle est celle qui se lève avant les autres pour préparer le repas du père, et qui prolonge la veillée jusqu'à la dernière goutte de pétrole pour réparer les accrocs des habits. Si prématurément usée, la malheureuse est prête pour toutes les épidémies : un froid après une lessive et la voilà couchée sur le dos. Elle voudrait bien demeurer chez elle, à la merci de quelque voisine, bonne femme comme elle, et qui viendrait deux ou trois fois le jour, lui porter des tisanes ; mais le mal s'aggrave, le médecin exige le transport à l'hôpital.

Vous ne savez pas quelles angoisses font cortège à ce spectre de l'hospice dans les milieux populaires ; pourtant, dans la détresse de son départ, la pensée qui torture le plus cruellement la femme de l'ouvrier, c'est celle-ci :

— Et mes enfants?

Le père, elle le voit à la rigueur prenant ses repas chez le marchand de vins, rentrant au logis solitaire seulement pour se jeter sur son lit. Mais les enfants? que feront-ils, du matin au soir, depuis l'éveil dans leurs petits lits jusqu'à la rentrée tardive de l'homme? Faudra-t-il qu'ils allument eux-mêmes le feu et la lampe? Sauront-ils faire tremper la soupe? N'iront-ils point se faire écraser dans la rue? Et, quand les grands seront en course, qui s'occupera du nouveau né, sevré d'hier, et qui ne sait que pleurer dans son berceau?

Vous imaginez bien que l'administration a songé au soulagement de ces misères.

Rue Denfert-Rochereau, 74, elle possède un établissement de belle apparence que l'on appelle le Dépôt et qui est une section de l'hôpital des Enfants-Assistés. Il vous est peut-être arrivé de jeter d'une maison voisine un coup d'œil par-dessus ces hautes murailles. Vous avez aperçu des jardins, de magnifiques dépendances, des vacheries, des étables pour les ânesses; et vous vous êtes dit que Paris avait bien fait les choses, puisqu'il donnait à toute femme admise dans les hôpitaux le droit d'amener ses enfants dans cette grande ferme, et de les y laisser tout le temps qu'elle demeurerait elle-même dans quelqu'une des maisons de l'Assistance publique.

Ce qu'on ignore, c'est que, dans les mêmes murailles, est logé un hôpital d'enfants pour les maladies aiguës, avec services de médecine et de chirurgie : si bien que, malgré ces jardins, ces eaux et ces verdures, malgré la crèche que l'on a établie dans l'ancienne chapelle d'un couvent et qui arrondit des arceaux de pierre au-dessus des cercles d'osier des barcelonnettes, le Dépôt est un foyer de maladies infectieuses.

Je viens de lire à ce sujet les comptes rendus de deux médecins, amis des enfants pauvres, M. le docteur Suchard et M. le docteur Charon. Ils dénoncent bravement le péril :

« Je pourrais citer plusieurs cas, dit le docteur
« Suchard, où un enfant est entré au Dépôt en par-
« faite santé, et a passé là par une série de maladies
« contractées dans les salles, pour en sortir affaibli
« ou souvent pour y mourir. J'ai bien présent à la
« mémoire un enfant de quatre ans qui était venu
« me consulter pour une conjonctivité chronique,
« sa mère était sur le point d'accoucher ; je l'envoyai
« à l'hôpital des enfants : il y prit la teigne, la scar-
« latine, la coqueluche et mourut... Tout hôpital
« d'affections aiguës, hôpital permanent, bâti en
« pierre, est un foyer où les germes de maladies
« s'accumulent, prospèrent et font pépinière... Ces
« tristes faits sont bien connus de la classe ouvrière ;
« il en résulte que la plupart des mères de famille,
« épuisées par la maladie, résistent trop longtemps
« à se faire transporter à l'hôpital, afin de ne pas

« envoyer leurs enfants au Dépôt, dont elles ont une
« vraie terreur. »

Dans ces conjonctures, un groupe d'amis des pauvres s'est proposé de donner aux enfants dont les mères sont à l'hôpital ce qui leur avait toujours manqué jusqu'ici : une maison de famille.

J'ai été invité à visiter cet Asile temporaire, qui est installé 74, rue des Fourneaux, dans le quartier Vaugirard.

« L'asile, fondé par madame de Pressensé, » — dit une note inscrite en tête du compte rendu de l'Œuvre, — « reçoit, sans distinction de religion, les enfants dont les mères sont à l'hôpital. L'asile contient quinze lits : on voudrait en doubler le nombre ».

Et, comme il faut un peu d'argent pour mettre des oreillers sous toutes ces petites têtes de « Jésus », on m'a demandé de vous raconter toutes fraîches les émotions de ma visite.

Imaginez une large impasse dans ce quartier de Vaugirard où les maisons sont basses, espacées, les voies larges. De la rue, on aperçoit une grande maison, claire comme une lanterne, qui accroche au-dessus de sa porte, sur une pancarte d'un bleu d'azur, ces deux mots :

## ASILE TEMPORAIRE

Pour entrer, il faut traverser une cour où il y a, presque pêle-mêle, des petits enfants et des poules.

On se croirait à cent lieues de Paris, dans quelque bonne maison provinciale, si, à travers les larges fenêtres qui, de tous côtés, s'ouvrent à la lumière, on n'apercevait à vol d'oiseau les belles perspectives de Paris : Montmartre dans le brouillard, la Seine qui tourne entre le Trocadéro et la tour Eiffel. On a voulu faire joyeuse et transparente comme une cage cette maison d'enfants. Et ceci m'a particulièrement touché : des plinthes au plafond, les murs ont été tapissés d'images. Ce sont les belles chromolithographies que les journaux illustrés donnent en primes; et puis des affiches, des portraits d'animaux, et, comme Noël approche, de grands bouquets de houx, dans des vases étoilés de baies pourpres. Cela contribue à donner à cet asile je ne sais quel caractère de cottage anglais qui s'affirme dans la propreté miraculeuse — une propreté de paquebots à la mer.

La maison est gouvernée par une demoiselle qui a des cheveux gris et qui semble n'avoir jamais eu de cheveux blonds, tant on la sent créée et mise au monde pour ces besognes que la jeunesse n'accomplirait que d'une tendresse distraite. Aussi bien s'appelle-t-elle mademoiselle Vieux ; on sent que la vie de la maison gravite autour d'elle, et que tous ces regards d'enfants vont à ses yeux bleus, un peu illuminés. Et cela est très doux à voir, cette maternité générale, éparse de celle qui n'a pas eu d'enfants, sur toutes ces têtes d'enfants qui n'ont plus de mères.

On recueille, dans l'*Asile temporaire*, les garçons jusqu'à huit ans, les filles jusqu'à quatorze ou quinze ; mais la majorité des pensionnaires de la maison, ce sont des petits vagissant dans les berceaux.

On vous ouvre une porte, et vous les apercevez, couchés dans des barcelonnettes, assis dans les « moïses », très graves, les cheveux bien lissés, les couleurs de la santé sur les joues. Il y a là quelques grandes filles qui tricotent ou qui cousent ; les bébés de quatre ans sont à l'asile : on les entend de loin ; ils chantent des refrains qui vous arrivent mêlés avec les *coc-codek* des poules de la basse-cour. Et, sur tout cela, il y a la belle lumière, versée à flots, la belle lumière qui ne coûte rien et qui fait fleurir ces frêles vies.

Vous savez combien l'homme du peuple aime ses enfants; presque toujours ils lui sont plus chers que la mère. La femme a perdu très vite, dans les fatigues quotidiennes, cette fraîcheur de jeunesse, cette beauté du diable pour lesquelles on l'avait aimée; c'est souvent la déception qu'elle représente au foyer. Au contraire, l'enfant, c'est l'espérance, c'est la bonne carte, c'est le billet qui gagnera à la loterie du sort. Aussi, vous ne serez pas surpris d'apprendre que volontiers, la journée finie, les pères viennent frapper à la porte de l'asile, avec la poussière du travail sur leurs blouses, le poids de la fatigue à leurs souliers. Ils sont reconnaissants, avec des paroles rudes d'hommes brisés aux besognes de force, et aussi avec des attendrissements d'enfants, subits, tumultueux, qui décomposent les durs visages, font jaillir les larmes. Ils profitent d'une seconde où l'on ne les surveille pas pour se pencher à l'oreille de l'enfant, demander tout bas :

— Tu n't'ennuies point, ici ?

Et, lorsque le petit, qui jouit délicieusement de cette vie régulière, lumineuse, répond avec une cruauté inconsciente :

— J'suis ben mieux qu'chez nous !

Ils ne trouvent pas toujours, ces hommes rudes, les paroles qu'il faut pour remercier, mais ils s'en vont avec des hochements de tête, des « Tant mieux ! tant mieux ! » un peu tremblants, qui leur restent dans la gorge.

— Il n'y a pas bien longtemps, m'a dit mademoiselle Vieux, j'en ai reçu un qui était bien fort dans l'embarras. Il avait trois enfants, et sa femme venait de mourir. La pauvre m'avait appelée à son lit d'agonie et m'avait dit : « Mademoiselle Vieux, je vous en prie, gardez les petits jusqu'à ce qu'*il* se remarie ; il serait trop malheureux avec eux, tout seul. » J'ai fait comme la morte avait demandé ; j'ai conservé les enfants dix-huit mois. J'étais jalouse et triste en les rendant à leur nouvelle mère ; mais, depuis que j'ai vu comment elle les soignait, je me suis consolée.

Grands et petits, qui, au retour des prochains Noëls,

irez voir dans votre cheminée si le pourvoyeur des heureux a songé à vous visiter, n'oubliez point les « Jésus », plus à plaindre que l'Enfant de l'Étable, qui ne dorment plus sur le cœur de leurs mères.

III

## LES DISGRACIÉS

Là-bas, au delà de Grenelle, tout près d'Issy, vers ces rues de faubourg qui font à Paris une entrée provinciale (ces rues où les tramways ont l'air d'un contre-sens, où l'on s'attend à rencontrer la diligence qui passe dans un nuage de poussière et un carillon de coups de fouet), un grand jardin fermé d'une grille. A côté, une petite porte, — la porte couventine, étroite comme un judas, — au-dessus le nom de la rue, 223, rue Lecourbe, et cet écriteau :

*Asile des jeunes garçons infirmes.*

Des bonnes gens du quartier, un mastroquet, un maraîcher, sont arrêtés sur le trottoir. Ils lisent une belle affiche jaune que l'on vient d'apposer contre la muraille :

## PALAIS DU TROCADÉRO
(*Grande salle des Fêtes.*)

SAMEDI 26 MAI, A 2 HEURES PRÉCISES

**CONCERT AU PROFIT DES JEUNES GENS INFIRMES**
Sous la direction de M. Charles Gounod.

Et, un peu péniblement, d'une voix de basse chantante, le mastroquet épelle tout haut les lignes en vedette du programme :

— ... Violon... Paul Viardot... *Gallia*... Solo par M<sup>me</sup> la vicomtesse de Trédern...

Je frappe à la porte qui s'entre-bâille.

— Je voudrais voir le frère supérieur.

Derrière la marche boiteuse du jeune portier, je traverse un grand jardin de curé, un jardin de fruits et de légumes, où surgit sur un socle la statue de Jean de Dieu, patron des hospitaliers. Le saint porte la cuculle noire, uniforme de ses moines, dans le dos le capuchon pointu. Ils sont dans cette maison beaucoup de frères qui lui ressemblent avec la seule différence des tabliers bleus, les tabliers d'infirmiers noués à la taille.

Voici le parloir du frère supérieur. Il a blanchi au service des pauvres. Depuis vingt-cinq ans il habite cette maison. Il y en a dix-huit qu'il la dirige.

— Je date presque de la fondation, dit-il en secouant sa tête rasée, dont la calvitie a élargi la tonsure. Je suis entré ici en soixante-trois, l'asile a été fondé en cinquante-huit. Ah! oui, depuis ces trente ans là, nous avons fait une grosse économie de douleur.

Jugez-en vous tous qui avez le cœur ouvert à cette belle pitié qui monte des entrailles, trouble les yeux, porte d'un élan presque voluptueux aux charitables offrandes.

Avant qu'avec des quêtes et des aumônes, ces hospitaliers eussent élevé les murailles que vous voyez là, Paris n'avait rien fait pour le soulagement des jeunes garçons infirmes. Vous frissonnez d'indignation lorsque vous lisez dans les histoires d'autrefois qu'il y avait de bons puits, bien profonds, où l'on jetait, la tête en avant, les petits enfants que la nature n'avait pas bâtis pour la lutte de vie ; vous vous dites : « Quel grand progrès de pitié l'humanité a fait ! Comme nous valons mieux que les hommes d'autrefois ! »

Sans doute les « Céadas » sont comblés. La société ne tue plus l'enfant infirme, mais elle ne se préoccupe pas autrement de le faire vivre. Elle l'exclut de l'hôpital, car l'infirmité n'est pas une maladie ; elle le laisse à la porte de l'hospice, qui ne s'ouvre que pour les adultes ; elle lui ferme même l'école où sa difformité est regardée de travers.

Ils étaient donc là, dans les caves, dans les mansardes, sur le trottoir de Paris une légion de petits disgraciés sans pain, sans soins, sans gîte.

Jean-de-Dieu leur a ouvert ses bras.

— A l'heure qu'il est, me dit le religieux, nous soignons deux cents enfants glanés un peu partout. Nous ne leur demandons point quelle prière ils ont appris à faire avant de les accueillir, mais seulement s'ils sont douloureux. Vous allez visiter la maison et vous verrez nos petits à la récréation, à l'atelier et à la classe. Je suis sûr qu'ils ne vous sembleront pas tristes. Si vous voulez, nous commencerons par les ateliers.

Je traverse quatre grandes salles claires, ouvertes sur les jardins, où sont assis une trentaine de jeunes garçons, qui causent. Ce sont les petits tailleurs. Ils habillent toute la maison, religieux et camarades. Leurs voisins fabriquent des souliers et ce sont des cordonniers fort habiles, — car vous n'imaginez par quelles variétés effroyables de contorsions, de raccourcis et d'ankyloses il faut ici loger dans des formes de cuir.

Après, ce sont les fabricants de brosses, puis une salle d'imprimeurs de musique, qui travaillent sous la direction d'un aveugle, un ancien élève de la maison.

Des ateliers, nous passons dans les classes. Voici une grande chambre où des enfants sont assis devant des pupitres. Silencieusement ils promènent leurs doigts sur les feuilles de carton étalées devant eux.

— Les aveugles, me dit mon guide.

Je les regarde. Toutes ces petites faces sont muettes, attentives, recueillies. Je demande à l'un d'eux :

— C'est ta leçon que tu apprends là ? Lis donc un peu pour voir.

Et, sans se faire prier, de la voix nasillarde des enfants d'école dont la lecture ressemble toujours à une psalmodie, le petit aveugle commence :

— La-gloire-de-Ri-che-lieu-a-fait-du-tort-à Louis-XIII...

Quoi ! cela veut dire tant de choses ces petits trous d'épingles ?

Mes yeux vont à la bibliothèque scolaire adossée à la chaire du moniteur. Il n'y a qu'une rangée de livres. Les trois autres planches sont garnies de clarinettes symétriquement rangées.

J'oubliais la musique ! C'est la grande ressource. Avec quoi donc voudriez-vous remplir les heures, les journées de tous ces petits malheureux ? On les a groupés en fanfare, une fanfare qui a sa légende de victoires, dix-huit couronnes vaillamment gagnées dans des concours d'orphéons. Vous l'avez entendue quelque part cette fanfare d'enfants aveugles, manchots, culs-de-jatte, paralytiques ; sûrement vous avez été émerveillés et attendris, comme je le fus moi-même pendant cette répétition entendue au milieu du potager de l'asile, à l'ombre d'un grand arbre.

Assis sur le banc, à côté de moi, le vieux moine regardait et souriait en aspirant sa prise.

— N'avez-vous point, lui demandai-je à lutter contre l'esprit de moquerie, qui est si impitoyable dans l'enfance. Vos boiteux ne tournent-ils point les culs-de-jatte en ridicule ?

Le religieux a secoué la tête et m'a répondu :

— Depuis que j'habite cette maison, je n'ai jamais eu à adresser un reproche de ce genre. Au contraire, nos enfants ont les uns pour les autres une surprenante charité. En toutes choses, ils se prêtent secours. C'est chez eux comme un instinct que nous encourageons de toutes nos forces. D'ailleurs, nous veillons à ménager, autant que possible, la susceptibilité de nos pauvres enfants. Ainsi, nous avons beaucoup de culs-de-jatte : ils ont tous appris à circuler liés à des chaises. Ici personne ne se traîne, c'est trop humiliant.

J'ai voulu voir, avant de partir, le quartier des « saints innocents » et l'infirmerie.

Parmi les innocents, il y en a qui ont leurs cinq ans bien juste. Point d'école pour eux ! C'est déjà une grande affaire que de leur apprendre à taper des pieds en mesure, les jours d'hiver, où l'on ne peut venir jouer sur la terrasse.

Comme aucune femme n'entre dans la maison, c'est un frère lai qui veille sur tous ces berceaux ; qui lève, qui débarbouille et qui habille.

Parmi ces enfants, je remarque dans un coin un petit homme gravement occupé à déchirer des papiers en carrés égaux. Le supérieur l'appelle, il accourt avec un éclat de rire.

— Voyons, quel âge as-tu, toi?

Le petit baisse la tête.

Je demande au frère lai :

— Est-ce qu'il ne sait point parler !

— Oh ! si monsieur, mais il a honte de vous dire qu'il a dix-sept ans.

Ce pauvre nain n'a plus ni père ni mère. Il passe ainsi ses journées, confondu avec les bébés, à l'écart d'eux, gravement occupé à déchirer ses papiers.

... Maintenant, c'est la traversée de l'infirmerie. Quatre ou cinq têtes de cire sur les petits oreillers et, sur les draps, épars, quelques jouets, des images, les plaisirs vite épuisés d'un enfant malade.

Le beau soleil de cinq heures qui illumine toute la galerie fait ces petites têtes plus pâles, plus mélancoliques.

— Ce sont, me dit tout bas le religieux, des enfants qui ne se relèveront plus. Ils attendent leur fin.

Et tout haut :

— Vous savez, mes enfants, qu'on aura du dessert samedi soir.

On se tourne un peu sur les oreillers ; un des petits visages sourit.

Alors le religieux se tourne vers moi et me dit avec un geste de charmant embarras ;

— Que voulez-vous, monsieur, il faut bien de temps en temps un peu de superflu, pour que les enfants sentent qu'il y a fête !

# IV

## LES ENFANTS AU THÉATRE

Il y a une disgrâce pire que la difformité corporelle : l'infirmité de l'esprit. L'un de ces maux engendre l'autre, et c'est une surprise que cette vérité d'éducation ait mis tant d'années à triompher dans notre pays. Enfin l'opinion s'est émue. De tous côtés on a prêché une bonne croisade contre l'abus que l'on a appelé d'un mot assez barbare, mais qui convient parfaitement puisqu'il s'agit d'une barbarie, le surmenage intellectuel des enfants.

Cette campagne de pitié a commencé par des escarmouches, des publications de brochures, des articles qui demandaient le déplacement des mois de vacances, la fermeture des écoles pendant la canicule, leur réouverture avant les tempêtes de septembre, les brouillards d'octobre.

M. le docteur Rochard a ouvert le feu dans un

article de la *Revue des Deux Mondes;* quelques jours plus tard, dans une séance de la Société d'économie sociale, M. Jules Simon a prononcé sur « l'éducation » un discours pétillant d'esprit, où il a fait une amère critique de la routine universitaire; puis M. Brouardel en pleine Académie de médecine a parlé contre les excès de travail qui fanent la jeunesse des grandes villes; enfin les avocats eux-mêmes se sont préoccupés, d'une question qui ne laisse personne indifférent; la conférence Molé-Tocqueville a discuté et adopté une motion présentée par un de ses membres, M. Léon Dunoyer, « relative à l'emploi des enfants comme figurants ou acteurs dans les théâtres ».

Acteurs ou figurants, il faut distinguer entre ces deux catégories de rôles. La présence des enfants dans les ballets, dans la figuration des féeries, est, au point de vue de la joie égoïste des yeux, un spectacle charmant. La grâce enfantine, dans ce qu'elle a d'inachevé, d'incomplet, a des admirateurs aussi passionnés que la grâce féminine. Moins servie par le développement des formes corporelles, elle est encore plus expressive et, si l'on peut se servir de ce mot, plus spiritualiste que la grâce des femmes. A condition que ces exhibitions, ou ces danses, demeurent vraiment belles (en ce cas elles sont chastes), la figuration des enfants est un régal artistique fort prisé des raffinés.

Mais tout change si l'enfant ouvre la bouche, s'il joue un rôle. Aussitôt, quel que soit d'ailleurs le naturel de sa diction et de sa pantomine, toute vérité, toute vie l'abandonne. Il semble une poupée articulée qui lève le bras au tiré d'une ficelle. Les intonations, — pour justes qu'elles soient, — sont insupportables à entendre; on ne peut se défendre de la pénible impression que l'on éprouve en face de l'exhibition des êtres contrefaits, Tom Pouce et généraux Midget. A la scène tout enfant qui parle est un nain, — tant il est vrai que le théâtre est un divertissement que des hommes seuls peuvent donner à des hommes, et que l'enfant n'a pas la taille qu'il faut pour monter sur les planches.

Tout le monde n'est pas de cet avis. Jamais un de ces petits monstres ne paraît sur la scène sans qu'aussitôt un bon quart de la salle, non, une bonne moitié, se pâme d'aise et s'écrie :

— Ah! qu'il est intelligent!
— Comme elle joue bien!
— Mignon, va!
— On dirait qu'il n'a fait que cela toute sa vie!
— Ce sera une grande actrice...

Eh! non, nigauds que vous êtes! l'expérience a été tentée, les résultats sont concluants. Vous ne vous souvenez donc pas de ce Théâtre Comte qui vous a ravis au temps où vous vous asseyiez encore sur les bancs du collège, et où l'on vous conduisait, quand vous aviez été premiers en version grecque, pour voir jouer, par des enfants comme vous, des pièces de Berquin? Eh bien, à l'exception d'Hyacinthe, le *gracioso* du Palais-Royal, qui débuta à six ans, à raison de 10 francs d'appointements par mois, sur les planches du théâtre enfantin de la rue de Choiseul, pas un de ces petits prodiges, Francisque jeune, Emile Taigny, Charles Perey, Paul Laba, n'est arrivé, non pas à la célébrité, mais seulement au succès.

Dans une chronique qu'il avait jadis consacrée aux jeunes artistes du théâtre Comte, Albéric Second disait : « Quelques-uns de ces enfants prodiges sont morts dans la misère, beaucoup se sont résignés à embrasser des professions manuelles. L'un d'eux, un bossu, connu sous le nom du *Petit Alfred*, est « entré dans l'administration », il préside actuellement au nettoyage de sa patrie ; il est inspecteur du balayage parisien ! Il faut le voir, ce digne fonctionnaire, lorsqu'il passe l'inspection des escouades de balayeurs. En ces moments-là il est réellement magnifique à contempler. Il s'acquitte de sa mission en homme qui a souvent eu l'honneur de représenter Napoléon Ier ou le grand Frédéric. Il s'habille avec une redingote grise et dit volontiers à ses hommes en les dispersant avec un geste grandiose : « Soldats, je suis content de vous ! »

L'exemple d'Hyacinthe est presque unique, et cela n'est pas extraordinaire. Le métier qu'il exerce dans de mauvaises conditions hygiéniques et morales, à l'époque de sa croissance, fait, neuf fois sur dix, de ce bambin trop précoce un pauvre être abruti et déclassé.

M. Léon Dunoyer, dans l'exposé de ses motifs, analyse, avec une pitié très intelligente, la pernicieuse influence qu'exerce sur la santé physique et intellectuelle de l'enfant cette vie de théâtre qui ruine la santé d'hommes vigoureux.

« Les enfants, dit-il, que l'on fait figurer sur les scènes et qui respirent, depuis sept heures du soir jusqu'à une heure du matin, une atmosphère asphyxiante, dans les coulisses remplies de l'odeur du gaz et d'émanations délétères, méritent qu'on s'occupe d'eux... Le théâtre prive l'enfant de sommeil à un âge où le repos est une nécessité impérieuse, une condition essentielle de sa formation. Cette privation, pénible même pour certains spectateurs, fait le plus grand tort aux enfants. » Et M. Dunoyer suit ces pauvres petits à la sortie du théâtre jusque chez eux.

Il est certain que le sommeil qu'ils goûtent, en rentrant du spectacle, n'est guère réparateur. Leur imagination est surexcitée, les applaudissements les ont énervés. Et cela fait pour le lendemain des réveils lourds de migraine, la stupeur des sommeils trop courts. Comment voulez-vous — alors même qu'il n'aurait point l'esprit ailleurs — que l'enfant profite des leçons qu'il reçoit à l'école, après les fatigues de sa soirée et le repos insuffisant de sa nuit? Cette question du travail à l'école est si intimement liée à celle de la veillée au théâtre qu'en Allemagne on a profité des plaintes des instituteurs pour empêcher les parents de faire monter leurs enfants sur les planches. Voici, en effet, ce qu'on lisait dernièrement dans un journal :

« L'emploi des jeunes enfants au théâtre, principalement pour les pièces à spectacle, a pris de telles proportions à Berlin, qu'il a fallu une intervention de la police pour réprimer les abus que cet état de choses engendrait. Un arrêté vient d'être rendu aux termes duquel nul enfant ne peut être engagé par un directeur de théâtre, s'il n'est muni d'une autorisation écrite du commissaire de police et d'une *attestation du maître d'école*; l'autorisation pourra être retirée à toute époque et chaque fois que les besoins de l'école l'exigeront.

« En outre, le service des enfants au théâtre ne pourra se prolonger au delà de onze heures du soir. »

Je ne sais pas au juste quel nombre d'enfants les théâtres berlinois employaient dans leurs figurations, mais nous nous souvenons tous d'avoir vu, à Paris, des féeries qui occupaient jusqu'à deux cents enfants.

Ces petits malheureux reçoivent des salaires très inégaux. Personne n'est payé moins de trente francs par mois, et les premiers sujets touchent jusqu'à trois cents francs. C'est le loyer de bien des petits ménages, et il est certain que les gages de l'enfant contribuent à apporter dans la maison une aisance dont l'enfant profite tout le premier; aussi, dans le cas où ce travail de nuit ne pourrait porter préjudice qu'à la santé de l'enfant, il y a bien des occasions — par exemple quand vous vous trouveriez en face du fils ou de la fillette aînée d'une pauvre femme veuve — où l'on serait bien embarrassé d'interdire aux enfants un travail lucratif, le seul presque auquel ils peuvent se livrer en dehors des heures d'école.

Mais la présence des enfants dans les coulisses des théâtres n'a pas seulement pour eux des inconvénients hygiéniques. Il y a là une question morale qui prime toutes les considérations particulières.

Dans les mouvements des représentations, ces enfants, acteurs ou simplement figurants, sont exposés au contact d'individus de tout âge, de toutes mœurs, à la brutalité et aux paroles impures. Ce milieu est pernicieux pour les garçons, qui y prennent tous des habitudes de paresse, et quelques-uns des mœurs de débauche, mais combien plus pour des fillettes de douze ans qui vivent là dans une promiscuité déplorable avec des hommes qui ont tout intérêt à les corrompre pour en tirer profit. Ce ne sont point des paroles en l'air. J'ai vu le mal de près.

Et quand bien même on placarderait dans les couloirs de théâtre des avis invitant les figurants à ne pas prononcer des mots contraires à la pudeur, à peu près comme on affichait au xvii<sup>e</sup> siècle dans les salles d'armes : *Ici on ne jure pas le nom de Dieu*, vous n'empêcheriez pas le théâtre de corrompre les enfants par lui-même, par la fièvre de son atmosphère, par le clinquant de son luxe.

On imagine de quel œil, après le spectacle, la fillette que l'on vient de promener à travers l'éblouissement des richesses et des toilettes de la féerie regarde le misérable mobilier de ses parents, quel mépris lui soulève le cœur pour leur pauvreté, et quels rêves elle fait, quand elle a posé sur l'oreiller sa petite tête, encore lourde du poids d'un diadème de perles.

Ce qu'elle voit, c'est, à la porte de l'entrée des artistes, le coupé avec ses deux chevaux *steppers*, l'éclat de ses lanternes et de ses glaces, les domestiques en livrée, puis des groupes de messieurs en habit noir, des bouquets entrevus dans la loge de la concierge, — et le passage, dans les froufrous de la robe de soie, de la jolie actrice, la femme fêtée, qui traverse une haie d'admirateurs souriante, les yeux aussi brillants que les diamants de ses oreilles.

Oh! être cette femme-là, un jour!

— Mais, pour cela, il ne suffit pas d'avoir du talent, murmure l'esprit de perversité, qui s'est affublé pour cette fois du bonnet de M^me Cardinal.

Il n'y a qu'un moyen d'épargner ces tentations aux enfants du peuple, c'est d'empêcher ces contacts. La loi du 7 décembre 1874 a mis l'enfance à l'abri de la dévorante machine, qui mâche on ne sait quoi de sinistre dans l'ombre; il faut ajouter un article à cette loi-là, qui sauve les enfants de cette autre ogresse : la prostitution.

Car c'est mieux qu'un exemple de grammaire, une parole douce comme un axiome évangélique, la phrase du vieux Lhomond :

*Summa debetur puero reverentia.*

V

## LES ENFANTS ASSASSINS

L'assassinat récent du petit Louis Siauzade par son frère Alphonse-Célestin a causé dans le public une véritable stupeur. Aujourd'hui qu'une information rapide fait passer sous les yeux de tous le récit de ce qui se passe dans les cinq parties du monde, on est édifié sur la férocité des hommes et des femmes de toutes les couleurs, qui égorgent, étranglent, incendient, profanent... On sait d'avance qu'on trouvera l'imagination complice des instincts pervers pour une diversité d'attentats, variés comme les passions elles-mêmes; — mais le crime de l'enfant déconcerte entre tous. Il semble que celui-là souille la surface de la terre plus tristement que les autres.

Le seul recours qu'on ait avec l'enfance, c'est de plaider l'irresponsabilité, d'affirmer que tous ces petits sont des impulsifs, c'est-à-dire des êtres qui, entre l'apparition et l'exécution du désir, ne mettent pas cet intervalle de raisonnement, ces trois mesures pour rien, où nous autres, les adultes, nous avons le loisir de nous reprendre. Dans le cas d'Alphonse Siauzade, cette illusion ne peut être conservée. Vous avez lu que ce malheureux enfant a exécuté son crime à la suite d'une longue préméditation : il a dormi une nuit entière avec le rasoir qui devait lui servir à tuer son petit frère, caché sous l'oreiller commun ; le cruel suicide qui a suivi le crime prouve qu'Alphonse Siauzade se rendait exactement compte des conséquences de sa faute. Cet enfant de huit ans enfermait dans son cœur une jalousie assez forte pour préférer la mort à la cohabitation avec son petit frère sous le même toit.

Ce crime est donc une preuve très forte qu'en dehors de toute influence morbide les enfants peuvent être les auteurs de crimes passionnels dont leur malignité personnelle semble la cause unique. Et c'est cette certitude répugnante qui a si fort ému l'opinion à l'occasion de la mort du petit Siauzade. Nous ne voulons pas soupçonner les enfants...

Et vraiment, il faut dire à la décharge de ces petits, que le crime d'Alphonse-Célestin est un exemple presque isolé de férocité. Il fera date dans les statistiques.

Je viens de les parcourir, ces moyennes, et aussi les livres de médecine et de législation qui traitent de la criminalité enfantine. C'est une lecture triste mais pourtant consolante. Il en ressort, très clairement que la maladie, qui ne respecte nulle catégorie d'âge, est ici la grande, presque l'unique coupable : le mal physique engendre le mal moral.

Si vous lisez les témoignages apportés par les médecins légaux à la décharge des petits coupables, vous constatez que, dans ses lignes essentielles, le portrait physiologique et moral de l'enfant assassin ne varie pas. Il est petit pour son âge, malingre, lymphatique, scrofuleux ou strabique. Il a la tête peu développée ou très grosse, la poitrine étroite, la circulation lente ; il a toujours été en retard en tout, pour le percement de ses dents, pour la parole, pour la marche. Les convulsions l'ont tourmenté. On l'a connu quinteux, irritable, violent, têtu. Le châtiment ne l'effraye pas et ne le modifie point. Ce n'est pas un aliéné, ni un idiot; il échappe pourtant à la rigueur des lois pénales grâce à ce mot tombé des lèvres du médecin :

— C'est un arriéré.

Ces enfants-là ont manqué d'incubation morale. Aucune heureuse influence n'est venue modifier leurs fâcheux instincts. Ils sont d'ailleurs pour la plupart enfants de vieillards, de consanguins, d'alcoolisés et d'épileptiques, ou encore, — et Legrand du Saulle affirme que c'est la majorité, — ils sont des enfants de la prostitution et du hasard.

Dans cette armée de disgraciés, il y a aussi des petits fous. La folie se lève tôt. Les aliénistes ont observé des cas d'excitation maniaque et d'hallucination chez des enfants qui sortaient du sevrage. Je me souviens d'avoir vu moi-même, à la campagne, un petit de quatre ans dont tout un village avait peur. C'était l'enfant naturel d'une pauvre fille, une blanchisseuse, à qui il était arrivé malheur sur une grande route. Un soir, des rouliers l'avaient arrêtée comme elle rentrait de son travail. Ils étaient ivres. Elle avait mis au monde ce petit damné. L'enfant fou se tenait tout le jour assis sur les marches de la boutique, ses bras roulés dans son tablier comme dans un manchon. Il chantonnait des airs incompréhensibles, une chanson sans fin qui tenait plus du bourdonnement que de la parole. De temps en temps il se levait comme en sursaut et se précipitait, la tête en avant, contre le mur. Si sa mère l'avait perdu de l'œil une seconde, il se serait tué.

Celui-là n'était redoutable qu'à lui-même; mais d'autres arriérés sont dangereux pour la société. Deux procès, qui ne sont pas bien anciens, ont montré de quoi des enfants dégénérés, inoffensifs en apparence, pouvaient devenir subitement capables.

La première de ces causes célèbres est connue sous le nom d'*Affaire du collégien de Pontoise*. C'est l'aventure d'un garçon de quinze ans, Alphonse L..., qui profita d'un jour de congé où ses parents étaient absents de la maison, pour s'emparer d'une bouteille de rhum et s'enivrer dans un coin. Une heure après qu'il avait commencé de boire, on sonna à la porte de la maison. Il alla ouvrir. C'était la servante. La pauvre fille, en voyant son jeune maître dans cet état, dit :

— Vous vous êtes enivré. J'en instruirai votre mère.

Le collégien n'hésite pas. Il saisit la fille à la gorge et, comme il est robuste, il l'étrangle. Puis il va chercher sa bouteille, achève de se griser, et on le trouve endormi à côté du cadavre.

Le cas du « collégien d'Angoulême », Félix F..., est encore plus significatif. En effet, cette fois l'alcool n'intervient pas pour brouiller la raison chancelante de l'enfant et le pousser au meurtre. C'est subitement au milieu d'un jeu, sur une parole de colère, qu'il assassine une jeune fille de son âge pour laquelle il a une très tendre amitié. Quelques instants après il répond au médecin qui l'interroge :

— Je ne sais pas pourquoi j'ai fait cela ni avec quoi je l'ai tuée.

Et son désespoir est si vif, qu'il se frappe d'un coup de poignard à la poitrine, avale de l'éther, tente de se jeter par la fenêtre.

Évidemment, on est ici en face d'un épileptique tout à fait irresponsable. Les jurés s'en rendirent bien compte, car, tandis qu'ils condamnaient le « collégien de Pontoise » à deux ans de prison, ils acquittèrent le « collégien d'Angoulême ».

C'est affaire aux médecins de guérir ces infortunés, ou du moins de les mettre dans l'impossibilité de nuire. Mais pour les enfants que la passion, et non plus la maladie, porte au crime, ils appartiennent au juge. Et ces enfants sont malheureusement en plus grand nombre qu'on ne l'imagine.

La vengeance est le mobile le plus ordinaire de ces crimes enfantins. Legrand du Saulle en cite un exemple qui fait frémir. Je le rapporte, car il me semble bien caractéristique de la cruauté puérile et de son irresponsabilité consciente.

Une bande de bébés jouent ensemble dans un jardin : deux enfants, l'un de quatre ans, l'autre de huit, et trois enfants d'un voisin, des petits de trois, cinq et sept ans. Un garçon de dix ans se joint à eux. Il les conduit dans une pièce isolée où se trouve un grand coffre à avoine. Il leur persuade d'y entrer. Les deux garçons qui sont les plus âgés se couchent volontairement dans le coffre, le malfaiteur y place les trois petits; puis, lorsque tous ces innocents sont bien entassés les uns sur les autres, il abaisse le couvercle, le ferme à clef et s'assoit dessus. Il n'ouvre pas, malgré les cris et les gémissements des victimes. Il s'éloigne quand il n'entend plus rien. Il va jouer avec d'autres enfants.

A huit heures du soir, après de longues recherches, une des mères trouve les enfants dans le coffre encore fermé. Quatre d'entre eux étaient morts. Une fillette donnait encore quelques signes de vie, mais elle succomba dans la nuit. Les vêtements des cinq petites victimes étaient trempés de sueur, leurs visages déchirés à coups d'ongles.

L'accusé avoua tout.

Il conta qu'il était resté assis sur le coffre, qu'il avait résisté aux supplications des enfants. Une fois, il avait soulevé le couvercle; mais comme la fillette remuait encore, il avait fermé le coffre, ainsi que les volets et la porte de la chambre.

Il déclara qu'il avait voulu tuer cette enfant parce qu'elle avait frappé sa propre sœur. Et les interrogatoires prouvèrent qu'il avait fait périr les quatre enfants pour les empêcher de sauver leur petite camarade.

Ici le motif du crime est tellement puéril, que l'irresponsabilité de l'accusé est démontrée par ses aveux mêmes. Mais il y a des cas plus troublants; celui-ci, par exemple, que j'ai relevé autrefois dans des journaux anglais :

Un riche négociant irlandais, resté veuf avec une fille de neuf ans, s'était remarié. De cette seconde union il avait eu un garçon dont la naissance l'avait rendu infiniment heureux et que l'on élevait dans la maison avec tous les soins imaginables.

La fille du premier lit conçut de cette tendresse une haine violente. Les domestiques qu'elle avait autrefois tourmentés de ses caprices se vengeaient à présent sur elle par de basses taquineries.

— C'est votre frère Reginald, lui répétaient-ils tout le jour, qui héritera de l'argent de votre père. Vous, vous demeurerez pauvre; vous serez mal vêtue, vous habiterez dans une mansarde.

La petite fille résolut de se venger. Elle se glissa un jour auprès de l'enfant pendant qu'il dormait, et froidement l'étouffa avec un oreiller. Son crime commis, elle eut la force d'âme de le cacher, et les causes de la mort du petit Reginald seraient toujours demeurées inconnues si, à son lit de mort, la sœur fratricide, alors âgée de soixante-deux ans, n'avait fait à la justice la confession volontaire de son crime.

J'ai été moi-même, à l'infirmerie du Dépôt, épouvanté un jour par l'interrogatoire d'un petit garçon de huit ans, qui, tout comme Alphonse-Célestin, voulait assassiner son frère cadet. Il en était à sa seconde tentative de meurtre[1]. Ses parents l'avaient amené par la main. C'étaient des commerçants, d'honnêtes gens. Le père ne buvait point et, d'une part ni de l'autre, on ne se souvenait pas d'avoir connu des aliénés dans les familles. Le petit, d'ailleurs semblait plutôt intelligent qu'en retard pour son âge. Il raisonnait fort bien sur tout ce qui ne touchait point à sa monomanie fratricide.

— Si Paul ne s'en va pas de la maison, je le tuerai.

Ses parents le suppliaient avec des larmes; le médecin essayait d'éveiller en lui quelque sentiment d'honnêteté ou de crainte. Il n'écoutait personne, il secouait sa petite tête et répétait :

— Je le tuerai, je le tuerai.

J'ai connu un autre enfant, celui-là jaloux d'une

[1] Voir l'*Enfer Parisien*.

bête, qui, lui, ne recula pas devant le meurtre. Cela se passait en province, dans un vieil hôtel garni. La mère était actrice, elle jouait les ingénues; le garçon était un pauvre enfant de hasard, pâle avec des cheveux frisés, des yeux trop bleus.

Pendant les répétitions on le laissait enfermé avec le chien. C'était un affreux roquet à poil blanc et à museau luisant, dont l'actrice était folle. Elle le préférait certainement à son fils. C'était lui qui couchait sur le pied du lit, lui dont on attachait les poils avec une faveur bleue, lui à qui l'on donnait un « canard » à table.

L'enfant, dont le cœur débordait de tendresse pour cette mère ingrate, se promit qu'il tuerait son rival, et il exécuta son projet. Une après-midi que les deux ennemis étaient seuls, le petit garçon saisit le chien par le cou et l'étrangla malgré des morsures si terribles, qu'on dut ensuite lui couper le doigt de la main.

Dans tous ces cas, qui ne sont point morbides, la question de la responsabilité surgit d'une façon troublante pour le juge. Comment doit-il apprécier et juger des actes qui témoignent d'une intensité d'intelligence et d'audace vraiment viriles?

Faustin-Hélie a écrit sur cette matière délicate une belle page où il explique que tout le débat gît ici non point dans l'éveil des facultés intellectuelles, mais dans celui de la conscience. Il prouve qu'il n'y a point parallélisme dans le développement de ces facultés. Vous trouvez des enfants fort intelligents et décidés chez qui le sens moral est encore dormant;

vous en voyez d'autres dont l'esprit est lent à s'ouvrir mais qui valent déjà par les délicatesses du cœur, par les crupules consciencieux.

Il est possible que la responsabilité de ceux-là égale, dans l'occasion, la responsabilité virile ; mais, dans l'impossibilité où l'on est de peser ces nuances morales, dans l'espoir où l'on reste jusqu'au bout de modifier l'enfant, de le ramener au bien, qui oserait appliquer, même à une faute reconnue consciente, un châtiment définitif?

Il y a exemple que la civilisation antique, qui n'a pas ménagé l'enfant, a cependant compris qu'on ne devait pas lui appliquer des châtiments d'homme. L'acte de l'aéropage infligeant la peine capitale à un enfant qui avait crevé les yeux à une caille est un fait isolé. Les Romains réglés par le *Principe infantem innocentia concilii tuetur* usèrent toujours de grands ménagements envers l'enfance criminelle. Ce mouvement de pitié ne pouvait que grandir. En France, une très ancienne coutume défendait d'appliquer les peines capitales à des enfants âgés de moins de onze ans. Sous le règne de saint Louis, le fouet était le seul supplice en usage; plus tard on recourut à la pendaison sous les aisselles; mais des accidents — le frère du fameux Cartouche mourut des suites d'une exposition de ce genre — firent abandonner ce châtiment comme inhumain.

Aujourd'hui, une mansuétude universelle — la loi chinoise recommande l'enfant criminel à la commisération de l'empereur — règle les rapports de l'enfance et de la justice. Seule la loi anglaise persévère dans une inexplicable sévérité. Elle admet l'irresponsabilité absolue jusqu'à sept ans ; mais, passé cet âge, « le mineur, dit Chassan, peut être déclaré coupable. Il y a des exemples d'enfants de treize ans, de dix, de neuf, de huit ans, condamnés à mort pour meurtre ou incendies, et exécutés ».

J'ai en effet trouvé trace d'une de ces exécutions barbares. Deux petits Anglais âgés l'un de dix ans, l'autre de neuf, avaient commis un assassinat. Ils furent condamnés, et l'aîné des deux exécuté. Après le crime, ce petit malheureux, au lieu de prendre la fuite, avait pensé à cacher le cadavre. Le jurisconsulte qui rapporte le fait ajoute : « On vit là un parfait discernement, et l'on ne se demanda pas si bien au contraire cet enfouissement ne témoignait pas plutôt d'un sentiment de soudaine horreur et de peur, survenu sans préalable calcul. »

Quel que soit d'ailleurs le degré de la culpabilité des enfants, il faut lire le récit d'une de ces exécutions capitales, pour comprendre combien elles répugnent à la raison comme au cœur. Il n'y a pas si longtemps qu'aux États-Unis on a vu un enfant de dix ans, condamné à mort pour meurtre, qui a joué aux billes pendant toute la durée de sa détention et qui y jouait encore quand on est venu le chercher dans sa cellule pour le mener pendre.

# LA DÉFAITE DE LA FEMME

## I

## BOARDING-SCHOOLS

Il y a deux ans à peu près paraissait un livre qui fit quelque tapage dans la librairie et sur lequel les étrangers, surtout les Anglais, se jetèrent de grand appétit, ravis d'ajouter un livre quelque peu scandaleux à la volumineuse bibliothèque de documents qu'ils étiquettent « vices français ». Ce livre s'appelait : *Institution de Demoiselles*, et son auteur M. Albert Cim, lui avait donné pour épigraphe cette phrase d'un roman d'Octave Feuillet : « Les propos que j'eus la stupeur d'entendre sortir de ces lèvres virginales auraient fait rougir un singe. » D'ailleurs le livre tenait les promesses de cette couverture alléchante.

Parmi les jeunes personnes qui composaient l'institution de M. Cim, les unes volaient à la tire, les autres se faisaient enlever par les amants de leurs mères ; une d'elles donnait, dans une maison meublée, des rendez-vous à des messieurs abordés sur le trottoir ; les plus innocentes se contentaient d'afficher ce que les jésuites appellent des « AMITIÉS PARTICULIÈRES ».

Je me souviens d'avoir lu le livre de M. Cim, lors de son apparition, d'abord avec curiosité, puis avec quelque défiance. Vraiment elles étaient par trop perverties les demoiselles de ce pensionnat, et il était difficile de croire que, même en ratissant soigneusement Paris, on pût ramasser dans un seul coin un pareil tas de jeunes immondices. Evidemment, M. Cim y avait mis du sien, et je lui savais peu de gré de ses inventions. Il est trop aisé, n'est-ce pas? d'allécher le lecteur avec des histoires lubriques, avec un hypocrite entassement de documents pornographiques, des transpositions de mœurs qui ne vont qu'à assimiler d'innocentes pensionnaires de *boarding-school* à des filles de maisons publiques?

J'ai assisté dans ma vie à d'innombrables distributions de prix, j'ai vu défiler sur des plates-formes d'estrades des panathénées de fillettes et de grandes filles, en robes blanches, blondes et frisées comme des anges de romance ; j'ai vu les pudiques rougeurs qui coloraient ces jeunes visages quand des mes-

sieurs très respectables déposaient, avec un laurier
de papier doré, un baiser paternel sur les fronts can-
dides. Je me proposais d'aller, cette année, assister
une fois de plus à ces ravissants spectacles, et j'en
voulais personnellement à M. Cim de m'avoir gâté
mon plaisir.

Eh bien ! il paraît que M. Cim a raison, et nous
sommes de bonnes dupes. Je m'entends. Le milieu
dépeint dans l'*Institution de Demoiselles* est un
milieu d'exception; l'auteur a groupé fort habilement des turpitudes qui sont, dans la vérité, plus
clairsemées. Mais il est exact que l'on trouve à Paris
quelques pensionnats, où, avec les dehors de la tenue
la plus sévère, les choses se passent, ou à peu près,
comme M. Cim les a contées.

C'est une personne tout à fait digne de foi qui
m'a révélé ces vilaines pratiques et qui m'a donné
l'occasion d'en surprendre quelques-unes sur le fait.
Et, à ce qu'il paraît, hélas! l'établissement que j'ai
sournoisement visité n'est pas unique de son
espèce.

Il y a dans Paris toute une catégorie de femmes,
veuves, divorcées ou... libres, qui sont fort embarras-
sées du placement de leurs enfants naturels, — particulièrement de leurs filles. L'éclat fâcheux d'un
procès, l'indiscrétion des journaux qui donnent quotidiennement le nom et presque l'adresse des demi-
mondaines, ou, tout bonnement, des succès de planches ont donné tant d'éclat à certains noms que les

femmes qui les portent craignent à bon droit de voir fermer sur le nez de leurs filles les portes des couvents à la mode et de ces maisons d'éducation où les élèves, triées sur le volet, supportent impatiemment certains contacts. D'autre part, il y a presque toujours derrière le paravent un père — souvent plusieurs — qui, après avoir payé les mois de nourrice, continue à solder les frais de pension et qui ne veut pas pour son enfant de la fréquentation « des filles de concierges et de mastroquets ». Le besoin crée l'organe. Des personnes intelligentes et peu scrupuleuses ont songé à exploiter ces situations irrégulières; elles ont ouvert des maisons spéciales pour ces petites brebis galeuses. C'est un de ces bercails, que l'on m'a fait visiter.

Cherchez au cœur même de Paris, à deux pas des boulevards. Une grande maison à cinq étages est occupée tout entière par le pensionnat. Aucune enseigne tapageuse n'attire les regards; la plupart des parents qui viennent visiter les élèves ne tiennent pas à être remarqués; seulement deux écussons, sous la porte cochère toujours ouverte, portent la liste interminable des cours soi-disant professés dans l'institution. Deux lignes en anglais annoncent que l'on prend des pensionnaires en chambre. Rien n'attire l'œil du dehors, si ce n'est peut-être l'uniforme dessin des rideaux pendus aux fenêtres des cinq étages.

Le concierge est un domestique en livrée qui a

du style et qui introduit fort correctement les visiteurs.

— Madame, dit-il, est momentanément occupée. Mais si monsieur et madame veulent, en attendant, visiter la maison...

Et, avec infiniment de tact, il va chercher une jeune et jolie sous-maîtresse, si c'est un père qui vient aux renseignements ; la vieille économe, « bonne maman » comme on l'appelle dans la maison, si c'est la mère elle-même qui accompagne la nouvelle.

La promenade commence par l'inspection du parloir. Rien du salon de dentiste ni de la froideur des ameublements de couvent. Il n'y a point de tableau d'honneur, — il est inutile que le premier venu puisse lire les noms des jeunes personnes qui fréquentent l'institution ; — point de modèles de dessins, de Vitellius bouffis, de petits lapins à la sauce, œuvres maladroites des élèves, suspendus aux murailles. Cela ressemble au salon de conversation d'un hôtel suisse : tapis de moquette, poufs et canapés confortables, verdure dans tous les coins et sur la cheminée, des vases de chaque côté d'une pendule en boule.

Le réfectoire est à côté. A travers une porte vitrée on aperçoit la pièce très longue, indéfiniment prolongée par des doubles glaces. Il y a une nappe sur la table, dessus une corbeille de fleurs et de fruits artificiels dans de la mousse.

— Ces demoiselles ont des serviettes blanches à

tous les repas, nous dit la sous-maîtresse en nous montrant la longue rangée de bonnets d'évêque disposés dans les assiettes, d'avance, pour le repas du soir.

Et elle nous fait remarquer que les élèves ne s'asseoient pas sur des bancs, mais sur des chaises rembourrées.

Comme on est en classe, nous ne pénétrons point dans les salles d'étude, et l'on nous fait monter tout de suite au dortoir.

Chaque petit lit a, près de soi, une toilette assez compliquée. Pendant que la sous-maîtresse a le dos tourné, j'ouvre un des tiroirs. J'aperçois des photographies de cabotins et, pêle-mêle avec des cigarettes russes, des photographies de modèles hommes, femmes, tout nus sur la planche. L'une de ces images est tachée de carmin pour les lèvres. Il y a d'ailleurs sur toutes les toilettes, en évidence, des fers à friser, des pattes de lièvre et des boîtes à poudre de riz, des crayons de maquillage.

A ce moment, on vient nous avertir que la directrice est disposée à nous recevoir, et le domestique en livrée nous conduit jusqu'à la porte du cabinet.

Madame, on l'appelle Madame, bien qu'elle soit demoiselle, a dans les quarante-cinq ans, une taille trop riche, encore souple, et des restes de beauté. Ses yeux bleus, sans couleur, ont un reflet glacial de plaque métallique. Ils sont voilés de cils très longs très noirs et ne regardent jamais en face.

Je lui conte le petit boniment que j'ai préparé

— Il s'agit d'une jeune fille, de naissance irrégulière, qu'on voudrait soustraire à de pernicieuses influences.

— Oui... oui...

A toutes mes explications, Madame répond, les yeux baissés, par ce petit « oui » sifflant, un oui discret de confesseur, où il y a de la tristesse pour le spectacle du mal et de la commisération pour les faiblesses humaines.

— Oui... oui... certainement... la jeune personne ne pourra être nulle part mieux placée qu'ici... C'est une maison de famille... Je prends très peu de pensionnaires... Je m'occupe tellement de nos enfants... Je les aime... Ils sont à moi.

Je regarde avec stupéfaction cette personne correcte et distinguée, et je me prendrais à douter des histoires que l'on m'a contées sur elle, si l'on ne m'avait fourni les preuves formelles de ces accusations.

Madame a un passé galant. Institutrice en sa jeunesse, elle a eu de pères différents trois garçons. Madame les fait passer pour ses neveux. Elle a marié l'aîné avec une de ses anciennes élèves, une héritière ; elle établira les autres, c'est une femme de tête et qui s'entend aux affaires.

Lorsqu'elle a ouvert son pensionnat, le prix en était fort peu élevé et les élèves n'affluaient point. Les jeunes filles payaient dans les huit cents francs par année. Aujourd'hui elle en a qui lui rapportent jusqu'à trois billets de mille. Pour en arriver là, on a dû installer un système compliqué et coûteux de cours supplémentaires. Tous les cours sont supplémentaires dans cette institution modèle. Au début, Madame avait choisi un certain nombre d'élèves pauvres et plus laborieuses que les camarades ; on faisait suivre gratuitement les cours de dessin, de danse et d'anglais à ces jeunes filles. Elles ont formé un noyau. Les élèves payantes ont voulu prendre part à ces leçons; alors, une à une, Madame a éliminé ses *allumeuses*. Et sous différents prétextes, les a mises à la porte de l'école. Le tour était joué.

La plupart de ces leçons sont données par des sous-maîtresses et non par des professeurs. Le recrutement de ces institutrices, fort mal payées, est malaisé, et Madame a déjà eu avec son personnel des aventures tout à fait fâcheuses : des enlèvements, des enflures de tabliers, des scandales saphiques. La jeune femme qui m'accompagne — une ancienne élève de la maison — me raconte l'histoire de deux des surveillantes qu'elle a vu mettre successivement à la porte.

L'une recevait de ses bons amis des lettres dont elle passait l'encre invisible au citron et qu'elle chauffait à la bougie au dortoir, devant les élèves. Cette malheureuse s'était laissée séduire par un des neveux de Madame. La directrice, qui ne plaisantait point sur ce chapitre-là, fut impitoyable et jeta sa sous-maîtresse dans la rue, après une scène épouvantable qui fit la joie de tout le pensionnat.

Une autre lisait des romans de Montifaud, tout haut, dans son lit, le soir, pour la plus grande joie des élèves. Cette personne romanesque prenait les grandes pour confidentes de ses peines de cœur. Elle avait refusé d'épouser un jeune architecte qui l'aimait, parce que ce jeune homme était venu lui faire sans gants, sa demande en mariage. Elle a fini par devenir la femme de son oncle, un ancien aumônier militaire défroqué.

C'est sous la conduite de ces galants chaperons que les jeunes filles vont deux fois par semaine, en suivant les boulevards, se promener aux Champs-Elysées. On ne revêt point d'uniforme. Madame exige seulement que toutes les élèves portent leurs cheveux en nattes sur le dos. La grande distraction de ces promenades c'est de compter les cocottes que l'on rencontre.

— Moi, j'en ai compté vingt.

— Moi, j'en ai compté trente-deux.

Et croyez que l'on ne résiste point au plaisir de se faire suivre par des messieurs accrochés d'une œillade au passage.

J'ai voulu en avoir le cœur net. Et, un beau dimanche, j'ai suivi le petit troupeau dans sa promenade sur les boulevards.

En tête marchaient de grandes jeunes filles de seize ans qui fréquentent les cours du Conservatoire. Elles s'arrêtaient à toutes les vitrines de photographies, nommaient à leurs camarades les acteurs et actrices à la mode, même les belles dames qui ne sont guère célèbres que par leurs jambes et pour avoir fait la *corbeille* dans les théâtres des boulevards. Les petites pensionnaires parlaient haut, riaient trop fort, se retournaient pour quêter des sourires.

Mais tout cela n'était en somme que du mauvais ton, et j'étais tout près d'accuser une fois de plus M. Cim d'exagération coupable lorsque, au coin de la rue du Helder, j'ai vu, de mes yeux vu, une de ces petites délurées s'approcher d'un monsieur d'un certain âge qui faisait là le guet, attendant le passage de la troupe. Elle lui glissa, fort habilement, un billet dans la main.

— Êtes-vous sûr que ce n'était pas son père ? m'a dit M. Prudhomme quand je lui ai révélé ces turpitudes.

II

## UNE RUCHE DE DIVORCÉES

Dernièrement, autour d'une table à thé, j'écoutais causer des Parisiennes. En ces mois de longs jours, il y a, entre l'heure de vraie lumière et la minute où les lampes s'allument, une trêve délicieuse de crépuscule. C'est la vraie heure du chien, du loup, du berger... et du simple curieux, car cette rassurante obscurité encourage les femmes à montrer quelque coin de la nudité de leurs âmes. Telle que, dans la journée, vous aurez rencontrée au Salon, réservée comme une diplomate, sur le coup de six heures, assise à contre-jour, vous livrera, presque sans que vous l'y invitiez, un peu du secret de son cœur.

Donc, la causerie roulait sur les divorcées : ces mondaines semblaient très curieuses de savoir quel accueil la bonne société réservera aux femmes que M. Naquet a faites libres et qui ont tout de suite convolé. L'application de la loi est si récente que l'on a eu peu d'occasions d'assister à la réapparition dans le monde des femmes divorcées, aux bras de leurs nouveaux maris. Celles qui n'ont demandé la liberté que pour s'enchaîner tout de suite dans d'autres liens ou bien font retraite, pour laisser aux échos du Palais le temps d'oublier leur nom, ou bien courent les plages méridionales avec leurs nouveaux époux, en reprise de voyage de noces ; on compte que la rentrée générale aura lieu la saison prochaine. Les divorcées se donneront le mot pour monter en colonnes profondes à l'assaut du préjugé qu'elles sentent dressé à cette heure entre le monde et elles-mêmes.

Mais il y a une catégorie de divorcées à qui sont acquises d'avance toutes les sympathies féminines : celles qui ne se remarieront pas, par dévotion ou par respect de l'amour défunt.

Vous êtes-vous jamais demandé ce que deviennent après la rupture ces âmes veuves que — jusqu'à la mort de l'infidèle — des scrupules empêcheront de rentrer dans le mariage ?

On n'a point toujours derrière soi une famille prête à vous accueillir, d'ailleurs, quand, de ce côté, des bras se tendraient, on n'est pas nécessairement disposée à s'y jeter. Après la dissolution du mariage, il est bien peu de femmes qui n'aient pris assez le goût de l'indépendance pour repousser la tutelle familiale.

Beaucoup aiment mieux s'enfermer dans un couvent que de rentrer dans leurs chambres de jeunes filles; oui, dans un couvent, comme les ingénues de Molière qui ont des peines de cœur. C'est que la femme, n'est-ce pas? ne vit point sans amour, et quand l'homme l'a rebutée pour toujours, c'est fatalement vers Dieu qu'elle se tourne.

Que ne donnerions-nous point, nous qui chérissons les femmes, et qui croyons que le secret de leur cœur vaut bien qu'on le déchiffre pour approcher ces affligées à la minute de leur recueillement et de leur oraison? Mais les cloîtres demeurent rigoureusement fermés aux hommes. C'est ici bercail de brebis blessées : les loups perdent leur temps à montrer patte blanche à la porte.

Heureusement, les colombes peuvent pénétrer dans l'arche, et elles ne demandent pas mieux, après qu'elles en sont sorties, que de rapporter ce qu'elles ont vu. J'ai écouté caqueter l'autre jour, une de ces messagères, et voici ce qu'elle contait :

Du côté de l'avenue Malakoff s'élève une maison de grande allure entourée de merveilleux jardins, défendue par des murailles très hautes. C'est la demeure que nous cherchons. Une quarantaine de pensionnaires l'habitent toute l'année : presque toutes jeunes, toutes riches, toutes mal mariées; quelques-unes en instance de séparation, la plupart divorcées de frais.

La maison est desservie par un ordre de religieuses

très mondaines recrutées dans les quatre parties du monde.

Les dames habitent d'assez belles chambres, flanquées d'une alcôve et d'un cabinet de toilette. Les lits sont en fer — des lits de nonnains, étroits comme une haire. Le luxe n'est pas interdit ; on le tolère d'autant plus volontiers que les meubles qui ont franchi la porte du couvent n'en doivent plus déménager. La main-morte s'étend pour saisir le miroir à main, les chaises longues, paresseuses, la psyché complice des péchés d'orgueil, le corsage de bal encore parfumé des contacts de la peau.

Car on jouit dans cette maison religieuse d'une parfaite liberté d'allures. Chaque pensionnaire sort quand il lui plaît et rentre de même, sous condition de se présenter avant la fermeture des portes, c'est-à-dire sur le coup de dix heures du soir. Si l'on souhaite, à l'occasion, aller au bal ou au théâtre, il faut s'arranger pour coucher au dehors, chez des amis.

De même les pensionnaires conservent leur jour de réception. Elles reçoivent autant de visites féminines qu'il leur plaît.

C'est une de ces visites que m'a contée la charmante bavarde dont je vous parlais tout à l'heure.

« — J'ai trouvé mon amie, m'a-t-elle dit — et cette amie est une marquise espagnole, présentement en instance de divorce, que je ne nomme point parce que vous la connaissez tous, — j'ai trouvé mon amie peignant à son chevalet, en nombreuse et charmante compagnie. Les murailles, les fenêtres et le petit lit étaient drapés d'andrinople. De-ci de-là, autour de la glace, au-dessus de la porte, des éventails espagnols peints par la marquise, de petits meubles en peluche, une belle toilette dans un coin, avec les jeux de brosses en ivoire, chiffrées et timbrées d'argent. Enfin, sur la cheminée, un grand portrait de cet abominable mari que l'on quitte, et partout des photographies de parents, d'amis, un rappel battu des tendresses anciennes à cette minute de solitude.

« Mon amie m'a paru calme, presque gaie. L'existence réglée qu'elle mène ici, le son lointain de la cloche qui sonne les heures des repas et de prière, tout cela l'a reportée aux années de sa jeunesse. Il lui semble qu'elle renoue sa vie de jeune fille où elle l'avait brisée.

« D'ailleurs, la journée n'est point triste dans ce couvent. Les pensionnaires, qui prennent leur repas en commun, font vite connaissance, et elles passent une bonne partie de leur temps en visite chez leurs voisines. Vous imaginez bien qu'on ne manque pas de sujets de conversations : chacune de ces pauvres femmes a une histoire à conter, la sienne, et naturellement dans ces confidences les hommes ne sont pas ménagés.

« J'ai demandé à mon amie :

« — A quoi t'occupes-tu le plus volontiers ?

« La jeune femme a souri et m'a répondu :

« — Jamais tu ne devineras à quelle besogne

je m'applique : cela est si extraordinaire de ma part...

« — Dis toujours...

« — Eh bien ! je raccommode mes voisines avec leurs maris et, — ceci est plus fort que tout le reste, — je cherche des maris pour les jolies filles qui me viennent visiter. Depuis trois mois que je suis ici, j'ai déjà remis la paix dans quatre mauvais ménages et trouvé des fiancés à quatre Andalouses qui, pour dot, n'avaient que quatre paires de beaux yeux. Voilà mon passe-temps favori. N'est-ce pas que cela est étrange qu'il me reste tant de confiance dans le bonheur des autres, à moi qui ai fait du mariage une épreuve si rude et qui ne relèverai jamais mon propre bonheur ? »

Ne dites point, chère recluse, que votre inconséquence est étrange, mais bien plutôt adorable. — Eh ! de quoi voulez-vous donc que s'occupe une femme dans votre état, sinon d'amour? Le sort vous a si maltraitée que, pour votre compte, vous ne voulez plus entrer dans la partie. Vous faites donc ainsi que les joueurs malmenés par les cartes qui n'osent plus s'asseoir au bord du tapis vert, mais demeurent à rôder autour des joueurs qui ont pris leur place, et, dans leur dos, vivent encore des émotions d'une bataille où, pourtant, ils n'ont plus l'intérêt du gain et de la perte.

Il n'y a point de jeune femme au monde qui vive sans espérance amoureuse. Votre roman à vous tour-

naît si fort au tragique que vous en avez interrompu
la lecture. Vous vous êtes juré de ne jamais reprendre
ce mauvais livre. Vous ne le rouvrirez pas. Cela
n'empêche point que vous ayez gardé le goût d'épeler un peu le roman des autres, à la dérobée, par-
dessus leur épaule.

Puissiez-vous y prendre tant de goût que l'amer-
tume de vos souvenirs en soit adoucie. Il le faut souhaiter pour l'allègement de votre chagrin — et pour
notre honneur. Car pour nous autres hommes il n'y
a point de spectacle plus humiliant que, dans le cœur
d'une femme jeune et passionnée, le meurtre déloyal
de l'amour.

## III

## LES COUCHEUSES

Ne vous effrayez point, je ne viens pas vous parler des amoureuses tarifées. Ce n'est pas la glace sans tain d'un boudoir, ni la vitre d'un garni louche qu'étoile, du crépuscule à l'aurore, la lampe infatigable de ma « coucheuse ».

Au fond des faubourgs, dans ces maisons-casernes où se groupent les industries en chambre — dans les vastes ateliers que le tressautement des machines secoue comme des paquebots à la mer, la coucheuse a commencé sa veillée annuelle qui s'ouvre vers la mi-octobre et finit à la nuit du réveillon.

Elle passe aux livres féeriques que nous écrivons ces robes éblouissantes, qui accrochent l'œil du passant.

J'ai ouï dire que nos contemporains, dont la volonté de « paraître » gouverne tyranniquement les désirs, préfèrent les femmes élégamment vêtues à celles qui sont simplement belles. Il est sûr que l'acheteur de livres n'est pas plus philosophe. Il ne lui vient pas à l'idée d'ouvrir le volume qu'il offrira. Il veut se montrer à peu de frais magnifique : son choix, prévu par le marchand, va, sans souci d'art ni de littérature, à la reliure éblouissante entre toutes.

C'est à savoir le rouge et or. Les gens du métier vous diront que, sur cent livres qu'on relie, le rouge et l'or sont commandés quatre-vingt-dix fois. Et si vous en demandez la raison, ils vous répondent :

— On ne sait pas. Cela plaît.

Cela plaît ainsi depuis le commencement du monde, comme l'a scientifiquement démontré le savant docteur Pouchet. Il a pris un livre moderne, *Sur l'eau*, de Guy de Maupassant. Il a compté le nombre des couleurs citées par le romancier au cours de ses descriptions; puis il a fait le même travail sur *Paul et Virginie*, *Télémaque*, *l'Énéide*, *l'Iliade*. Partout il a constaté la majorité du rouge, joie des yeux.

Je crois volontiers les relieurs quand ils affirment qu'après lui c'est l'or que l'on accueille avec le plus de faveur. Car, cette fois, au plaisir physique de l'éblouissement s'ajoute la notion morale du luxe, du coût, de l'opulence. Les hommes sont ainsi faits qu'ils aiment non seulement ce qui leur plaît sans effort, mais ce qu'ils souffrent à acquérir.

Vous imaginez bien que l'ancien relieur à besicles et les merveilleux artistes qui s'appellent Cuzin, Marius Michel, Chambolle, etc., n'ont rien à voir avec cette reliure commerciale. On fabrique aujourd'hui le « cartonnage doré » comme les montres, comme les boîtes à sardines, à l'emporte-pièce et au laminoir.

C'est la machine qui coud, qui cylindre, qui emboîte, qui rogne, qui frappe les nervures, qui trace les titres en couleur. Et là où le travail manuel intervient, pour le pliage, pour le placement des gravures, pour l'assemblage, pour le collationnage, pour l'endossage à l'étau, pour l'apprêture de la tranche et du signet, pour la finissure des plats et des gardes, la besogne de l'homme se fait automatique et anonyme; l'ouvrier, vaincu, supplanté, n'est plus que l'esclave de la machine. Il attend, les bras tendus, qu'elle ait fini de mâcher sa bouchée pour lui donner une nouvelle charge. Et cela dure ainsi, jour et nuit, sans interruption, sans fatigue des muscles de fer qui broient, laminent, pilent et taillent avec une pesanteur si formidable de mouvements, une violence si terrible qu'ils ne semblent point découper de légers cartonnages, mais dompter des tôles, épaisses comme des briques.

Il y a pourtant dans cette clameur de forges vulcaniennes un endroit retiré que le sifflet de la machine n'ébranle point. C'est le petit atelier de verre où à son pupitre bien ciré, travaille la coucheuse d'or.

De temps en temps, par la vitre de sa loge, la coucheuse jette aux machines un coup d'œil indifférent. Elle n'a pas peur de leurs sifflements ni de leurs grincements de mâchoires. Elle sait que le monstre à vapeur ne pourra pas la remplacer dans sa besogne. La concurrence même de l'homme n'est pas à craindre pour la coucheuse. Il a la main trop lourde, les ongles trop carrés pour toucher au précieux métal. Il faut ici la délicatesse féminine, le doigté, léger comme une caresse.

Et c'est un plaisir presque voluptueux de suivre le travail de la coucheuse : d'un buvard-étui, elle tire les petites feuilles d'or, une à une, et les pose sur l'établi. Elles sont si minces, si invraisemblablement fragiles que le seul contact avec l'air suffit pour leur donner l'aspect recroquevillé, chiffonné, tremblotant que prend après dégonflement la baudruche des ballons rouges. Il semble au visiteur que cette feuille soit perdue. Jamais on n'en pourra rien faire. C'est du métal à renvoyer à la fonte.

Vous ne connaissez pas l'habileté de la coucheuse ! Elle penche un peu la tête, elle souffle sur cette gelée tremblante, et, docilement, d'un seul coup, sans un gondolage ni une cabossure, la petite feuille d'or s'aplatit, s'étale.

Il ne reste plus qu'à lui présenter la reliure rouge où le pinceau a étendu une colle de blancs d'œufs battus indéfiniment. Presque d'elle-même la petite feuille d'or se soulève, se colle au manteau rouge, comme s'il y avait entre elle et cette pourpre un attrait magnétique d'aimants.

Vivement, délicatement, de ses doigts de fée qui serreraient sans la froisser une aile de papillon, la coucheuse colle au dos, aux tranches, aux plats des livres ces feuilles d'or éblouissantes. Autour d'elle l'or ruisselle, voltige en brindilles, en infinitésimales pépites. Elle a de l'or dans ses cheveux, elle a de l'or sous ses pieds. Tous les soirs, à travers le parquet à treillage, on ramasse cette poussière précieuse qui s'en va reprendre dans le feu la pureté du lingot.

Mais si la coucheuse n'emporte pas chez elle un seul grain d'or accroché à sa jupe, elle garde dans son œil le reflet inquiétant du métal. Déjà l'aristocratie nécessaire de ses doigts la déclasse. Seule entre toutes les ouvrières elle a des mains de dame, des mains d'oisive. Si la police, un jour de razzia, cherchait à deviner par l'examen de ses doigts l'honnêteté de sa vie, on pourrait faire erreur avec elle.

Son métier ne laisse point de stigmates.

Pas plus qu'il n'enchaîne l'attention par la rudesse de la besogne.

Tandis que l'or palpite autour d'elle, s'étale sous son souffle, tremble sous ses doigts; la coucheuse a tout le loisir de rêver.

Et ne croyez pas que sa songerie aille du côté de ces hommes en blouse qui travaillent à quelques pas d'elle, qui luttent rudement avec la violence des machines, qui essuient d'un revers de blouse la sueur de leurs fronts. L'or corrompt tous ceux qui le touchent. Et le rêve de la coucheuse vogue sur ce Pactole, bien loin des camarades de besogne et des balanciers bourdonnants.

— Toutes les coucheuses sont des irrégulières, m'a déclaré, sans malice, le contremaître qui me promenait à travers les ateliers. Il faut croire que c'est le métier qui veut cela.

Je l'écoutais dire et je songeais que jamais plus je ne pourrais lire dans leurs belles couvertures dorées les contes du chanoine Schmidt sans apercevoir derrière cette prose édifiante les coucheuses prédestinées, dont la perdition paie le luxe de nos livres, — les coucheuses aux tabliers de fillettes, aux doigts dorés, aux yeux qui rêvent...

# IV

# UNE VISITE A SAINT-LAZARE

Le projet de M. Herbette, qui supprime la prison de Saint-Lazare et transfère hors Paris la maison d'arrêt correctionnelle et de détention pour femmes, m'a fourni l'occasion de visiter ces vieux murs contre qui la haine populaire n'est guère moins violemment déchaînée que contre l'ancienne Bastille.

J'aurais souhaité entrer là incognito, en client, comme l'an dernier à l'Hospitalité de nuit, et pour un jour juger de la prison avec des yeux de condamnée. Mais la porte de Saint-Lazare n'est pas comme celle des maisons de refuge : il ne suffit point d'y taper pour qu'elle tourne sur ses gonds. D'autre part, on ne pouvait raisonnablement exiger que je me fisse prendre, en travesti, à la sortie d'un bal masqué, dans un de ces grands coups de filet dont les agents des mœurs balayent le trottoir parisien.

Il n'y avait qu'un mot de passe qui pût m'ouvrir cette porte redoutée : l'autorisation du préfet de police. C'est donc muni de cette permission que je me trouvais ces jours derniers dans le cabinet de M. Durlin, le directeur actuel de la prison.

Cette petite pièce, moitié salon, moitié bureau, ressemble singulièrement au cabinet d'un proviseur de lycée, — ce fameux cabinet vert où tant de fois, aux jours de collège, nous sommes montés pour essuyer des « admonestations ». De fait, c'est là que M. Durlin reçoit chaque matin les femmes qui, par lettre, ont demandé des audiences. Un gardien est toujours présent à ces entretiens, autant pour empêcher un mouvement de violence que à l'occasion pour servir de témoin. La clientèle de Saint-Lazare est un peu mêlée, et le directeur tient à se mettre à l'abri de toute invention calomnieuse. Il traite d'ailleurs les femmes admises à ces audiences avec les plus grandes formes de politesse. C'est le meilleur moyen d'obliger, même les plus hardies, à ne point sortir des convenances dans leurs paroles ni dans leurs actes. La plupart des femmes gardent bon souvenir de ces entretiens, et M. Durlin ne peut guère mettre les pieds dans un théâtre, dans un lieu de spectacle où vient la foule, sans y rencontrer d'anciennes pensionnaires, qui le saluent d'un battement de paupières, en passant.

Le parloir est en face du cabinet directorial.

Imaginez une sorte de petit couloir de la largeur

d'une paire d'épaules et, de chaque côté, grillé comme une volière. Cet espace d'un mètre isole les conversations des visiteurs et des détenues. On ne peut ni s'embrasser ni se toucher les doigts ; même une conversation à voix basse est impossible. On apporte dans les cas intéressants quelques adoucissements à cette contrainte : ainsi, le *parloir de faveur* donne la faculté de pénétrer dans le petit couloir isolateur, de façon qu'on n'a plus qu'une grille, au lieu de deux, entre soi et la détenue à qui l'on parle.

Parfois même on a permis à des mères d'embrasser leurs petits enfants. Mais il faut ici de grandes précautions. Plus d'une fois des prévenues à qui cette grâce avait été accordée ont cherché à glisser des lettres sous les jupes des bébés qu'on leur tendait.

Et la direction de la prison ne badine point sur cet article. Toutes les lettres reçues par des prisonnières ou écrites par elles sont décachetées et lues au greffe. Bien entendu, toute épître indécente est jetée au feu. Cette utile surveillance empêche les prostituées de correspondre avec leurs amis les voleurs avec leurs complices. Dès lors, les épîtres qui passent sous les yeux du greffier sont forcément insignifiantes. Il y est surtout question des chiens, des chats, des perroquets, des animaux favoris que l'on recommande avec attendrissement à des concierges ou à de bonnes amies.

Près du parloir des familles, il y en a un autre : le

parloir des avocats. C'est une pièce étroite, traversée dans toute sa longueur par une table de bois. La prévenue s'assoit d'un côté, l'avocat de l'autre. On cause par-dessus la table, à environ un mètre de distance. La porte est close et les surveillants ne peuvent rien entendre du dehors ; mais, comme le battant est vitré, ils voient tout ce qui se passe.

Pas plus dans ces parloirs qu'au greffe, que dans les cours, les infirmeries, les ateliers, les dortoirs, les cellules, ni même à l'église, les pensionnaires de Saint-Lazare ne sont confondues. Dans le public, on croit à cette promiscuité ; c'est une erreur capitale. Et, s'il y a une multitude de reproches à adresser à l'organisation matérielle de cette prison, il faut reconnaître que des précautions infiniment délicates ont été prises pour isoler les prévenues des condamnées, et, dans ces deux classes, toutes les catégories de délits.

Saint-Lazare est, en effet, partagé en trois sections, subdivisées en autant de quartiers qu'il y a d'objets différents de détention.

La première section, dite *Quartier judiciaire*, comprend deux sous-quartiers : celui des *prévenues*, celui des *condamnées*.

La deuxième section, dite *Quartier des filles publiques*, comprend deux sous-quartiers : celui des *punies*, celui des *malades*.

La troisième section contient deux quartiers et quatre sous-quartiers :

*a.* Les *jeunes détenues* de moins de seize ans ;

*b.* Les *jeunes condamnées* de moins de seize ans ;

*c.* Les *jeunes prostituées* de moins de seize ans ;

*d.* Les *jeunes prostituées malades* de moins de seize ans.

Toutes ces femmes sont soigneusement triées : chaque section possède sa cuisine, sa salle de bain, son réfectoire, sa pharmacie, son infirmerie, ses cellules. On ne se heurte même pas au débarqué des voitures, sur les bancs du greffe. Les mandats de dépôt arrivent le matin, les filles publiques dans la journée, les flagrants délits le soir.

Au cours de ma visite, j'ai assisté à l'arrivée de cette voiture aux volets fermés que les gamins se montrent du doigt dans les rues : celle qui fait le service des filles. Sur un seul rang, en file indienne, ces malheureuses qui, pour la plupart, connaissent les habitudes de la maison, sont entrées dans le bureau du greffe. Là elles ont donné leur nom et l'on a écrit, en face, sur les livres, le motif de leur arrestation, la durée de leur peine. Puis, une à une, elles ont été conduites dans une salle où « Madame La Fouilleuse » les a déshabillées des pieds à la tête, sondant avec soin leurs chignons, et les endroits les plus secrets de leurs corps pour s'assurer qu'elles ne cachaient point d'argent ou de bijoux sur elles. Après on leur a rendu leurs vêtements bourgeois et l'on a coiffé d'un bonnet noir les filles qui venaient subir une détention par mesure administrative. Pour les malades, on leur donne un bonnet blanc. Elles le portent avec la livrée de l'infirmerie. Les condamnées sont reconnaissables à un bonnet marron comme leur robe, garantie, pour les travaux du jour, au moyen d'un tablier à petits carreaux. Une ceinture large soutient la taille.

Quand une fois cette toilette est terminée, la prisonnière est remise entre les mains des Sœurs. Celles-ci conduisent la femme au quartier qui l'attend. Les surveillants restent à la porte. Ils ne pénètrent jamais dans la prison, à moins d'être appelés par les Sœurs pour rétablir l'ordre troublé, ou pour accompagner des ouvriers. Le directeur lui-même ne traverse les quartiers qu'accompagné par eux. L'un d'eux nous a suivis l'autre jour dans toute notre visite.

Comme M. Durlin m'a fait visiter la maison dans ses moindres détails, je puis, en groupant tous mes renseignements, reconstituer la journée complète d'une prisonnière de Saint-Lazare.

Que l'on soit prévenue, condamnée ou fille publique, l'emploi du temps est le même pour toutes.

On se lève avec le jour, à une heure où, malgré la hauteur et la largeur des fenêtres, on y voit à peine dans les petites chambres.

Les femmes couchent quatre par quatre. Les

lits se touchent, trois suivent les murailles, le quatrième est au milieu de la pièce. Et cette pièce est une ancienne cellule de lazariste. Il devrait régulièrement y avoir dans chaque cellule autant d'escabeaux que de lits ; mais, sans doute par le manque de place, dans la plupart des cellules, il y en a deux bien juste pour quatre femmes. Point de lavabos, des pots à l'eau et des cuvettes microscopiques. Point de lumière : le couloir est éclairé de loin en loin par une lampe ; les prisonnières doivent se contenter de la lueur qui entre par le judas de la porte : c'est dire qu'elles se lèvent à tâtons, presque dans l'obscurité.

Dans ces conditions, les ablutions sont courtes. La toilette finie, en silence, toujours sur une seule file, on se rend aux ateliers.

Ce sont de vastes pièces carrelées, éclairées par des fenêtres hautes. Une religieuse de l'ordre de Marie-Joseph, en costume blanc, noir et bleu, est assise dans une sorte de chaire un peu élevée. Elle a l'air de surveiller une classe. Elle fait la lecture de livres moraux, des histoires amusantes qui se terminent autant que possible par des mariages de femmes qui ont beaucoup d'enfants.

Les femmes sont assises sur de petites chaises de paille, basses, avec des dossiers droits, comme on en voit dans les cuisines de campagne. Elles cousent. Le travail en commun excite entre elles une émulation. Elles souffrent infiniment quand l'ouvrage manque et qu'il faut demeurer des journées entières les bras croisés. Le produit de leur travail va par moitié à l'État. Elles disposent de l'autre moitié, que l'administration fractionne encore en deux sommes égales. Un quart du gain total forme un pécule que la détenue touche le jour de sa sortie. Avec le dernier quart, elle peut acheter quelques douceurs à la cantine; un peu de vin, du chocolat, du café au lait.

M. Durlin a fait cette observation curieuse : le nombre des prisonnières ouvrières à la machine va toujours en décroissant. On n'en voit presque plus à l'heure qu'il est. Et cela tient à ce que le salaire relativement élevé de ces ouvrières les met à l'abri de la misère, des tentations qui conduisent tant de malheureuses à la prison.

Par escouades, les différentes sections se rendent au réfectoire, où elles reçoivent pour le jour, avec un demi-litre de bouillon maigre, les valides sept cents grammes de pain bis, les malades cinq cents grammes de pain blanc. Ce pain est la propriété de la prisonnière. Elle l'emporte avec soi à l'atelier et, pendant la récréation, le laisse sur sa chaise.

Cette récréation se prend entre les deux séances, chacune de cinq heures, que les femmes passent à l'atelier.

Toujours en file et sur un seul rang, elles marchent à travers les cours plantées d'arbres comme des chevaux que l'on dresse au manège. La consigne interdit tous les jeux. On ne doit même point parler.

5.

Et ce n'est qu'à la dérobée que les prisonnières, à dessein moins surveillées ici qu'ailleurs, peuvent échanger quelques paroles.

Les religieuses avec qui j'ai causé m'ont dit que, de toutes les catégories de prisonnières, les plus mauvaises têtes étaient les prévenues, et les meilleures âmes, sans contredit, les filles publiques. Presque toutes sont des habituées de la maison. Dans leur argot pittoresque, elles appellent Saint-Lazare « ma campagne ».

— Ma sœur, disent-elles aux religieuses, qui finissent par les connaître, je viens encore chez vous *faire des cours*. Mais c'est la dernière fois, pour sûr. En sortant, je vais *m'acheter une conduite*.

Elles ont un grand mépris des voleuses et disent volontiers :

— Nous travaillons, nous autres.

Et, si horrible qu'il soit dans la bouche de ces malheureuses, un pareil mot contient malgré tout, en soi, une absolution. Je me souviens, il y a quatre ans, de l'avoir entendu dans des circonstances tragiques, murmuré par une mourante. C'était une malheureuse prostituée d'une quarantaine d'années qui s'était tuée dans le bois de Vincennes, près de la Porte-Jaune, en s'enfonçant ses ciseaux dans le cœur. Elle était sortie de Saint-Lazare si pauvre, si minable, si finie que, quand elle avait tenté de recommencer la vie d'autrefois, tout le monde l'avait rebutée. Je rencontrai dans le bois les gens qui l'avaient trouvée et qui la menaient à l'hôpital ; je les aidai à porter ce corps jusqu'aux fortifications. Avant de mourir, quand on interrogea la malheureuse sur les causes de son suicide, elle eut encore la force de répondre :

— Je ne pouvais plus travailler.

Pour beaucoup de ces filles, la halte à Saint-Lazare est un temps de repos et de retraite.

M. Durlin a eu plusieurs fois la curiosité de se rendre, le dimanche, à la messe que l'on célèbre pour les prisonnières. Il a été frappé de leur recueillement. Autrefois, quand l'assistance aux offices était obligatoire, beaucoup de filles refusaient d'y assister ; depuis que personne n'est plus contraint, tout le monde suit les exercices de la chapelle.

Il y a d'ailleurs à Saint-Lazare une opinion publique qui juge librement de toutes choses. La nouvelle des acquittements d'infanticide y cause de l'indignation. Certains crimes excitent l'horreur. On n'a jamais pu faire sortir Gabrielle Fenayrou dans les cours. La trahison de cette femme, qui s'était associée à son mari pour tuer un amant qu'elle avait aimé, soulevait tant de haine que les prisonnières auraient écharpé, en pleine cour, cette femme, honte de son sexe.

J'ai pénétré dans l'un des réfectoires au moment où l'on distribuait aux filles le repas de la journée : un tiers de litre de légumes fricassés. Deux fois la semaine, on ajoute un morceau de viande à ces gamelles. La boisson est une sorte de coco fabriqué à la pharmacie, dont le goût est assez agréable.

Je remarquai qu'un tiers des femmes qui étaient là tournaient le dos à la table.

— Ce sont, les gourmandes, me dit M. Durlin. Elles ont fini leur repas avant les autres. On exige qu'elles se tiennent ainsi afin qu'elles ne bavardent pas.

Tout au bout de ce réfectoire, il y avait groupé autour d'un orgue tenu par une religieuse, un petit chœur de femmes debout qui chantaient. Leurs voix montaient très fraîches, des voix de filles du peuple comme l'on en entend en mai dans les chapelles du mois de Marie.

Les chanteuses portent un ruban qui les distingue, et, comme il arrive toujours, le respect de leur insigne en fait des filles plus faciles à mener que les autres. Ce ruban les conduit à s'amender bien plus sûrement que ne feraient toutes les exhortations à la vertu.

Comme ce siècle croit fermement que l'instruction peut beaucoup pour le relèvement moral de ceux qui marchent dans une mauvaise voie, les illettrées sont envoyées chaque jour à l'école. Vous voyez là des femmes de quarante ans que l'on s'efforce vainement de faire épeler, des jeunes prostituées qui apprennent à écrire. Le directeur ne m'a pas paru se faire de grandes illusions sur l'utilité de cet enseignement. Il est payé pour cela. Un jour qu'il adressait des compliments à une fillette sur son zèle à tracer de belles pages d'écriture, la petite lui a répondu avec ingénuité :

— Je veux faire une surprise à mon amant.

Ces mineures, si perverties, sont intéressantes entre toutes.

Après une minutieuse visite aux salles des vénériennes, nous avons été les voir.

Au nombre d'une quinzaine, elles chantaient dans une petite classe, sous la surveillance d'une religieuse.

Du haut du couloir on entendait leurs voix abominablement nasillardes :

> L'entends-tu, pécheur repentant,
> La douce voix qui te rappelle...

M. Durlin a fait approcher la plus jeune d'entre elles, une fillette d'une douzaine d'années, et lui a demandé :

— Pourquoi es-tu ici, toi ?

Nous avons compris à son récit, fort embrouillé, qu'elle avait volé du charbon pour le porter à sa mère. Il ne semble pas qu'elle soit plus mal ici, où on la fait jouer, courir, sauter à la corde, que chez ses parents.

Bien des fois, la sœur Collette, qui a la garde de ce petit troupeau, a vu des enfants pleurer à chaudes larmes quand leurs parents venaient les réclamer. Elles savaient qu'elles retournaient aux coups, à la misère. Elles aimaient mieux rester en prison, où l'on n'est pas battu, où l'on ne souffre ni du froid ni de la faim.

J'ai fini ma promenade par une visite au dortoir des petits enfants.

Beaucoup de femmes entrent grosses dans la prison, et c'est là qu'elles accouchent. Du jour où l'enfant est né, — comme si la maternité effaçait une partie de la faute, — les femmes-mères ne sont pas renvoyées aux cellules communes. On les garde dans un dortoir spécial, une infirmerie tournée du côté du midi et qui ouvre sur un jardin. Là, elles ont un lavoir pour lessiver le linge de leurs petits; et elles jouissent d'une demi-liberté. Elles vont et viennent du dortoir à la cuisine, où elles font réchauffer à leur gré les biberons et les soupes.

C'est un spectacle douloureux que la vue de ces petits enfants nés dans la prison et qui attendent, pour en sortir, que leurs mères aient achevé leur peine. Il y a là des petits de trois ans, qui voudraient bien courir et faire du bruit dans le dortoir. La sœur Valentine leur permet de se bousculer un peu, mais en cachette. Ils vivent en prison, les pauvres, et tout petits qu'ils sont, la faute de leur mère leur défend de rire.

— Où sont les joujoux que l'on a envoyés au jour de l'an, a demandé M. Durlin à la sœur Valentine.

— Ah! tout est cassé, monsieur le directeur, a répondu la vieille religieuse. Et vraiment nous ne savons comment amuser nos enfants, ces jours-ci où ils ne peuvent pas descendre dans la cour.

Vous qui me lirez, je vous ai demandé autrefois de vieux habits pour les petits enfants de l'hospitalité de nuit — et vous en avez envoyé. Aujourd'hui laissez-moi vous demander d'envoyer les joujoux cassés aux petits enfants de Saint-Lazare.

V

## LE RELÈVEMENT

« Les trottoirs de Saint-Pétersbourg ont dû bien rire, écrivait dernièrement un homme d'esprit, si l'on a lu là-bas les dithyrambes que l'on vient d'écrire chez nous sur la Sonia de *Crime et Châtiment*, la prostituée mystique qui attire les galants chez elle pour les prêcher, — ni plus ni moins que la maréchale Booth. »

Est-il sûr que les trottoirs de Saint-Pétersbourg se soient si fort divertis?

En tout cas on peut affirmer que les trottoirs parisiens seraient beaucoup moins enclins à railler qu'on ne l'imagine, si l'on venait leur conter qu'il y a des gens assez simples pour croire que l'esprit de sacrifice, la foi, et quelque noblesse d'âme peuvent encore habiter chez des femmes tombées.

Au lendemain de ma visite à Saint-Lazare, je

m'étais promis d'y revenir un jour ou l'autre, non point pour recommencer la promenade des cours, des ateliers et des cellules, mais pour m'instruire des efforts que la charité a tentés afin de refaire un honneur aux malheureuses que leur péché a conduites jusque-là.

Vous rappelez vous que le Rodion de Dostoïevsky, dit à Sonia, quand il vient la trouver pour lui faire l'aveu de son crime :

— Tu n'as porté la main que sur toi-même, tu n'as fait du tort qu'à toi...

Les filles de Saint-Lazare ont d'elles-mêmes cette opinion, et elles ne la cachent pas. Elles souffriraient impatiemment d'être confondues avec les voleuses. On vous dira, au greffe de la prison, qu'elles-mêmes ne pratiquent jamais qu'une catégorie de vol : celui qu'on appelle, dans l'argot des barrières, la « dégringolade du pantre », c'est-à-dire la visite de la poche des ivrognes qui vous ont invité à venir boire un saladier de vin chaud. Encore est-il constant que la malheureuse opère rarement elle-même ; elle sert seulement de complice aux misérables qui l'exploitent.

Les honnêtes gens — et il ne faut pas s'en étonner — sont un peu en défiance de l'indulgence que les artistes, les gens de lettres et en général tous ceux qui ne se placent point dans leurs jugements au point de vue exclusif de la « moralité » professent volontiers pour les Sonias. Ils hochent la tête quand on leur dit qu'une certaine innocence — celle au moins qui consiste dans l'ignorance du bien ou du mal — des restes de pudeur et un vague espoir de rédemption habitent encore ces âmes obscurcies. Ne croyez-vous pas que ce soit une façon de bonne œuvre d'apprendre à ces défiants qu'ils ont là aussi une occasion d'exercer leur pitié et que des personnes, dignes de toute leur confiance, ne partagent pas, dans ce qu'elle a d'absolu, l'opinion qu'il faut laisser les Sonias dans la boue parce qu'elles ne veulent pas en sortir?

Dans une des nombreuses causeries que j'ai eues avec le directeur actuel de Saint-Lazare, M. Durlin, — un homme d'un grand cœur et qui a de son rôle une idée très élevée, — j'ai recueilli cette phrase qui vous fera songer :

« On peut traiter les prisonnières de la seconde section de perverties; on n'a pas le droit de les appeler des filles perdues. Interrogez les sœurs, interrogez les dames patronesses qui viennent visiter presque quotidiennement nos condamnées, elles vous diront (je cite ici textuellement les paroles notées) que les filles sont les plus décentes des prisonnières, les plus disposées à s'attendrir et à écouter des paroles d'espérance. Ce n'est pas qu'il faille se faire grande illusion sur les chances qu'elles ont de se relever; tout conspire contre elles : les tyrannies d'habitude, les connaissances qu'elles ont au dehors, peut-être même les règlements administratifs qu'on est dans la nécessité de leur appliquer. Mais les difficultés de la régénération, les rechutes, les exceptions fâcheuses ne doivent pas empêcher de constater que les pauvres filles ont conscience de leur abjection et souhaitent d'en sortir. »

Vous trouverez partout, à Saint-Lazare, cette intelligente pitié. N'ai-je point recueilli ce mot d'une vieille religieuse à une fille qui, ses « cours » finis, allait quitter la prison :

— J'espère, disait-elle, que vous serez très exacte à vos visites.

C'était là tout l'effort moral que la vieille nonne osait recommander : l'observation du « devoir d'état », puisque la malheureuse qu'on exhortait s'était mise pour toujours en dehors de la morale générale et de ses lois.

Cette grande charité s'explique quand on sait quels périls guettent la fille à sa sortie de prison.

Si elle n'a pas distrait trop d'argent de sa « masse », pour se payer quelques douceurs pendant la détention, il se peut qu'elle ait en poche plusieurs pièces blanches; mais jusqu'où cela peut-il bien la conduire? La libérée n'a plus de famille pour l'accueillir. Pas de logis, non plus. Si elle ne vivait point dans des garnis, au jour le jour, et si elle possédait quelques meubles, tout cela a été vendu pour payer le propriétaire et les créanciers. Il n'y a d'autre ressource que d'aller trouver une amie professionnelle et de recommencer le métier d'autrefois.

D'ailleurs, presque toujours l'ancien exploiteur guette à la porte même de la prison la sortie de celle qui le faisait vivre; il s'impose par la force ou par la tendresse. On pourrait vous citer bien des cas de malheureuses qui, après une première condamnation, sortaient de Saint-Lazare avec un ferme propos de travail et qui sont retombées dans le vice malgré elles. Le souteneur venait les attendre à l'entrée de l'atelier; il les perdait par ses injures révélatrices; il les faisait chasser, puis remettait la main sur elles. Les règlements de police eux-mêmes ne facilitent pas ce relèvement. On m'a cité l'aventure d'une fille inscrite sur les registres qui, ayant emporté de la prison le goût du travail, s'était placée comme domestique. Au bout de quelques années de conduite régulière, elle avait contracté mariage. Mais comme, ignorante des formalités qui pouvaient amener sa radiation, elle n'avait point fait effacer son nom des registres de police, on l'arrêta. Le mari affolé s'enfuit, et elle se jeta dans la Seine.

La terreur de la vie qu'il faudra recommencer est si violente chez certaines filles que nombre d'entre elles ont demandé à ne pas sortir de la prison. Presque tout le service de l'infirmerie est ainsi confié à d'anciennes prisonnières, qui sont volontairement demeurées sous les verrous. On a célébré l'année dernière, à Saint-Lazare, avec une certaine pompe, l'enterrement d'une infirmière de soixante-dix ans qui, en trente années de fonctions, n'avait sollicité qu'une fois l'autorisation de quitter la prison pour une sortie d'un jour.

Dans la charitable pensée de soulager ces misères, il y a plus de quarante-sept ans que les visites aux prisons de femmes ont été instituées sous l'influence de M^me Fry.

M^me Fry était anglaise. Mère de dix enfants, elle trouvait pourtant moyen de distraire quelques heures chaque semaine à ses occupations domestiques pour visiter les femmes prisonnières. Elle s'était imposé cette règle de conduite qui a été adoptée par ses imitatrices les dames patronnesses de l'*Œuvre protestante des prisons de femmes* : jamais elle n'interroge les prisonnières sur leur passé.

Le plus ardent désir des condamnées est, en effet, de prouver aux personnes qui leur marquent de l'intérêt qu'elles ont été condamnées injustement. Toutes souhaitent conter leur histoire, et il va sans dire que c'est pour elles une occasion fréquente de mensonge.

Les dames protestantes qui, à tour de rôle, chaque semaine, visitent les prisonnières de Saint-Lazare coupent court à ces récits.

— Nous n'avons point le droit de savoir pourquoi vous êtes ici, répondent-elles avec beaucoup de douceur. Nous laissons de côté le passé. Nous voulons vous parler d'une vie nouvelle.

Et, dans des allocutions familières, elles apportent consolation et conseil. Elles avertissent les malheureuses dont la libération approche que si, à la minute de leur sortie de prison, elles craignent de se trouver sans appui et sans ressources, un refuge leur est ouvert et un asile de travail, l'*Atelier de pliage* du boulevard Montparnasse. « Trente-neuf femmes, dit un rapport que j'ai en ce moment sous les yeux, ont séjourné en 1887 dans ce petit atelier. Les comptes atteignent près de seize cents journées depuis le commencement de l'année. Ce chiffre considérable représente beaucoup d'efforts, de patience, de prières, comme aussi beaucoup de déceptions et de tristesses. »

On m'avait parlé, à Saint-Lazare, avec une admiration et une reconnaissance profondes de la présidente actuelle de l'*Œuvre protestante des prisons de femmes*, Mlle Dumas. J'ai voulu la voir et lui apporter le témoignage de mon respect

Figurez-vous, à l'entresol, rue Hauteville, un appartement d'une austérité effrayante. Une chambre sans feu avec des rideaux de serge verte, arrêtés à mi-hauteur des fenêtres. Dans un coin, un lit de fer, étroit comme un lit d'écolier, recouvert, lui aussi, d'un rideau de serge. Une table et un bureau occupent presque toute la pièce. Derrière ce bureau, l'œil vif, encore droite, une femme de quatre-vingt-seize ans. Les cheveux blancs s'échappent d'un petit châle qui coiffe la tête et tombent, demi-courts, sur les oreilles. D'une main encore ferme, Mlle Dumas écrit sa volumineuse correspondance. J'ai vu sur la table du directeur de Saint-Lazare des lettres d'elle, singulièrement précises et nettes.

A quatre-vingt-quinze ans, Mlle Dumas allait encore visiter les prisonnières auxquelles elle a consacré sa fortune et sa vie. Voici un trait qui vous donnera tout seul une idée de sa charité : Sur ses quatre-vingt-deux ans, cette amie des malheureuses, a appris l'espagnol, pour adresser des consolations à une jeune femme andalouse qui n'entendait pas le français.

— « Et si je vous contais, m'a dit une des sœurs de la prison, que pas une de nos femmes ne sort sans chemise et sans souliers grâce à la charité de cette sainte ? »

Le patronage des dames protestantes a demandé l'année dernière pour Mlle Dumas la croix de la Légion d'honneur.

Croyez-vous qu'elle s'égarerait sur ce cœur-là ?

Je ne parle aujourd'hui que pour mémoire des sociétés très nombreuses qui s'occupent des femmes prisonnières, à la minute de leur expiration de peine : le *Patronage des Sœurs de Marie-Joseph*, qui a des asiles ou des refuges à Doullens, Alençon, Clamart, Montpellier, Bordeaux, et un ouvroir rue de Vaugirard, — le *Comité des Dames israélites*, qui a un asile rue Picpus et un autre, je crois, à Neuilly, — la *Société générale des libérées*, dont le président est M. Bérenger, — enfin, la *Société des libérées de Saint-Lazare*, qui a pris un développement si considérable sous la présidence de Mme Isabelle Bogelot,

Il s'agit, cette fois, de l'effort tenté par la pitié privée pour le relèvement des filles publiques.

C'est le but que poursuivent les dames du *Bon Pasteur*. Elles viennent comme les dames du comité protestant, visiter les condamnées en prison.

J'ai causé avec l'une d'entre elles, au moment même où elle quittait les pauvres filles à qui chaque semaine elle apporte quelques mots d'encouragement.

Les égards sont pour ces malheureuses chose si neuve, si inattendue, qu'on les touche aisément avec quelques mots d'estime. Elles se trouvent, d'ailleurs, un terrain merveilleusement préparé pour accueillir les consolations religieuses. La plupart ont dans un degré élevé la tendresse et l'esprit de sacrifice. Les fâcheuses expériences sentimentales qu'elles ont risquées les disposent à chercher ailleurs l'emploi de leur ardent désir d'aimer.

Toutefois, les Dames du Bon Pasteur, en leur offrant de leur ouvrir une retraite, leur imposent une épreuve préalable qui est comme la pierre de touche du sérieux des amendements : Les filles doivent consentir à laisser couper leurs cheveux et à porter l'uniforme claustral qu'on leur destine.

Beaucoup hésitent au seuil de ce sacrifice. Mais il en est aussi qui d'abord l'avaient repoussé et qui ensuite se soumettent.

La dame patronnesse que j'ai rencontrée m'a conté l'histoire suivante :

Un jour, à Notre-Dame, comme elle passait devant

le calvaire, elle entendit qu'on l'appelait dans l'ombre.

C'était une jeune femme, pauvrement vêtue, qui s'avança résolument et dit :

— Vous ne me reconnaissez pas, madame.

— Mais non, ma fille...

— Vous êtes pourtant venue me visiter l'an dernier à Saint-Lazare; vous me conseilliez d'aller au Bon Pasteur. Je ne vous ait pas écoutée, à cause du bonnet... Voudriez-vous de moi, maintenant?

Et elle conta qu'elle était venue là, de la place Maubert, mettre un cierge au pied de la croix, parce qu'elle avait la rancœur de sa vie et que la tentation lui venait de se jeter à l'eau.

Aujourd'hui, cette malheureuse vit en paix dans le cloître volontaire où elle s'est enfermée. Elle ne songe plus à en sortir. Il est probable qu'elle y mourra. Le Bon Pasteur a déjà fêté ainsi plusieurs cinquantaines de séjours qui ne finiront qu'avec la vie.

J'aurais souhaité visiter cette demeure de repentir pour vous en rapporter une impression émue. Mais la porte du Bon Pasteur ne s'ouvre pour personne.

Cela est bien.

Il faut laisser à leur paix et à leur silence ces femmes qui, comme dit Heine, « ont sur les joues le rouge de la honte et dans les yeux la pureté du ciel ».

# MÉTIERS D'HOMMES

## I

### LES TUEURS

J'ai reçu, au mois de novembre dernier, la visite d'un sculpteur de talent, dont le nom ne vous est pas inconnu, M. Louis Lefèvre-Deslonchamps.

— Vous savez, m'a dit M. Deslonchamps, qu'il était depuis longtemps question de décorer de figures emblématiques les pilastres qui encadrent la grille des Abattoirs sur la façade de la rue de Flandre. Il y a des années que j'avais songé moi-même à prendre pour sujet d'une de mes compositions le groupe que forment, au moment de l'immolation, la bête de boucherie et les tueurs. Il me semblait que c'était là un sujet propre à fixer l'attention d'un sculpteur moderne. Nous avons si peu d'occasions de déserter l'Olympe pour représenter, dans leur vérité et leur mouvement caractéristiques, des scènes de la vie contemporaine ! J'ai eu la bonne fortune d'intéresser à mon projet MM. Richard et Delhomme : j'ai obtenu de la ville de Paris la commande d'un groupe. C'est demain que la commission vient voir mon plâtre dans l'atelier, avant qu'on l'envoie à la fonte. Voulez-vous lui faire visite ?

Aussitôt j'ai pensé que M. Lefèvre-Deslonchamps serait pour moi le guide idéal dans ce voyage au pays des égorgeurs; et je lui ai demandé de me conduire chez ses modèles avant de m'amener devant son groupe.

Il y a bien peu de Parisiens qui n'aient eu l'occasion, un jour de promenade charitable dans les quartiers pauvres, de passer devant les Abattoirs. Pourtant, on ne les visite guère : d'abord, encore que mal défendue, l'entrée n'en est point libre, et puis nous avons presque tous les nerfs délicats, l'estomac aisément révolté. Nous n'allons pas volontiers au-devant du haut du cœur qui pourrait nous dégoûter du bifteck saignant, et nous ne songeons pas sans un petit frisson répulsif aux misses qui viennent boire la santé à la source, au jaillissement des artères tranchées.

D'ailleurs, l'aspect même de cette demeure n'invite point le passant à s'arrêter : derrière la grille que barrent la baïonnette d'un factionnaire et les regards soupçonneux des gens d'octroi, les bâtiments — échaudoirs et étables — s'élèvent, carrés, isolés, tristes comme une façade de prison, régulièrement alignés comme des casernes. Et, si la curiosité vous retient, une seconde devant la porte, la sortie tragique d'un haquet de boucher, éclaboussé de pourpre, laissant derrière soi, en piste, sur le pavé, l'égouttement de sa marchandise sanglante, vous fait tourner les yeux et les talons.

J'ai eu plus de courage. Je suis entré bravement derrière un troupeau de moutons, escorté de son berger et de son chien ; car les Abattoirs ne sont pas seulement un lieu d'égorgement, mais une étable. Il y a des heures, parfois des jours de « préventive » avant les exécutions.

J'ai vainement cherché à me rendre compte si l'odeur de boucherie qui flotte dans cette nécropole, et que les valets apportent avec eux sur leurs mains, sur leurs tabliers empourprés, troublait la quiétude des bêtes, leur donnait par avance des angoisses d'agonie. Un par un, côte à côte, de toute race, de toute taille, de toute robe, attachés à des anneaux de fer, les bœufs attendent l'arrivée de l'homme en longue blouse qui va les conduire à la hache. Ils ne meuglent point, ils ne causent point entre eux : ils songent. Peut-être ils se souviennent ; en tout cas, ils sont résignés.

Mais les bergeries, les étables à veaux — la *nur-*

*sery*, dit un Anglais derrière mon épaule — sont pleines de bêlements, de vagissements lamentables. Inquiétude du voyage, disent les conducteurs, et aussi effarement de la bousculade, dépaysement, regret du troupeau. Ces innocents sans défense font plus de peine à voir que les autres. Le bœuf a la révolte puissante : s'il voulait jouer de la corne, il pourrait vendre chèrement sa vie ; il y a de la stupidité pesante dans sa résignation. Mais le veau, qui pleure après les mamelles de sa nourrice, et le mouton, qui se laisse mener par troupeaux à la guillotine, sont vraiment trop désarmés pour la lutte, et leur douceur nous est un reproche de lâcheté.

Moutons de Panurge jusqu'au bout ! Dès que le parc s'ouvre, les malheureuses victimes se précipitent par cet entre-bâillement, comme s'il s'agissait d'aller chercher sur les talons du berger quelque bonne pâture ! Hélas ! c'est le dernier voyage ; on traverse la grande allée qui conduit aux « échaudoirs » ; le berger ne va pas plus loin : le tueur est là, il attend.

De chaque côté de la longue travée des claies s'alignent ; l'homme saisit le mouton par sa toison, il l'enlève de terre ; puis, dans l'ahurissement de cette attaque, avant la reprise de sens et la tentative de défense, il le couche et le garrotte sur l'étal. En une minute, ils sont ainsi étendus, une douzaine de gorges bêlantes, si serrés que les toisons se confondent, pour mourir. Dans un coin, le tueur aiguise son couteau : c'est une lame triangulaire et qui n'est pas bien longue. Il s'approche, et, tranquillement, en suivant la rangée, il tranche chaque gorge d'une entaille profonde et sûre ; vous n'entendez pas un cri. Il y avait là douze vies qui bêlaient ; quand l'homme a passé, il y a douze fontaines de sang qui jaillissent à gros bouillons dans la même vasque. Ainsi, ils meurent en troupes, comme ils vivent, confondus, anonymes. Et ces claies, où des barbes de laine s'attachent, disparaissent à la longue sous des concrétions d'égorgements anciens, qui vêtent le bois d'une pourpre sombre, presque groseille, éclaboussée à chaque exécution nouvelle de vermillon tout frais qui découle sur le sol, goutte à goutte, comme des stalactites.

C'est ici le massacre des innocents.

Par la porte opposée entrent les veaux, conduits par les bouviers. Ils ont deux mois, trois mois, cinq à peine, tous « laitons », comme on dit au pays normand, — c'est-à-dire qu'ils n'ont jamais mis la dent à l'herbe et qu'on les a détachés des pis pour les conduire au boucher. De fait, si frais sortis des entrailles, ils portent encore la chaleur du ventre maternel sur leurs robes fauves, tachées de lait. On les amène en les tirant par les oreilles et par la queue. Courtes d'ailleurs sont leur résistance et leur agonie. D'un coup de genou, un boucher les couche et leur entrave la patte ; le couteau passe et le sang jaillit dans le bassin, innocent, pressé de sortir, avec les glouglous, la chanson de l'eau dans les robinets sous les hautes pressions qui arrêtent la fusée.

Mais là encore, c'est l'égorgement passif, la défense stérile.

Le drame, c'est la mort du bœuf.

Imaginez de longues travées à ciel vitré qui rappellent les allées des Halles; à droite et à gauche, des caves de plain-pied à deux battants : ce sont les « échaudoirs ». C'est là qu'on tue. Le sol est légèrement en pente jusqu'à un ruisseau central, où toutes les rivières de sang vont se mêler et se perdre. On ne marche que difficilement au milieu de la cohue des bêtes et des hommes; le pied pose sur des choses glissantes, des débris innomables. Derrière, c'est un bœuf vivant qu'on amène par la corne; il faut se garder à droite des fusées de sang que lance en tous sens, à des mètres de distance, l'agonie tumultueuse d'un veau. Et partout autour de vous, le sang ruisselle, on dépèce, on dépiaute, on déchiquette, on éventre; des tombereaux à bras passent chargés de peaux, et le ruisseau rouge emporte à l'égout des rognures qui nagent et que guette au passage le happement des chiens de bouchers.

Au milieu de l'horreur de cette tuerie, j'ai été frappé de la tenue simple des hommes qui accomplissent professionnellement ces besognes meurtrières.

Souvent, dans le soir tombant, au passage d'une de ces voitures de bouchers où l'on aperçoit, sur le fond des viandes suspendues, la silhouette du tueur, encore éclaboussé de sa besogne, vous vous êtes dit qu'il y avait dans tout boucher un assassin dormant, que celui qui avait perdu l'horreur du sang devait être plus prêt qu'un autre au meurtre de l'homme. La vérité, c'est que le cas d'Avinain est presque unique dans les annales de la boucherie.

Robustes et drus comme des lutteurs, les manches relevées jusqu'à l'épaule sur la saillie des biceps, les reins sanglés, les hanches prises dans une triple « serpillière », c'est-à-dire un tablier de toile grise qui les garde de la douche rouge, un mouchoir pittoresquement noué sur la tête à la façon des bandits espagnols que l'on voit dans les gravures, sanglants de la tête aux pieds, ils vont et viennent, affairés, silencieux, indifférents par habitude, pressés pourtant d'expédier les bêtes, de tuer sans faire souffrir.

Aux côtés, en bandoulière, ils sont flanqués d'une gaine de bois d'où émergent les manches de leurs couteaux ; en argot de tueur, cela s'appelle une « boutique ». La « boutique » enferme cinq ou six lames bien affilées, et une lancette, qui sert à « parer » la viande, — entendez à exécuter dans la graisse, préalablement badigeonnée de sang frais, ces arabesques étranges, palmes et fleurs, qui font, de la boucherie fine, une section originale des arts décoratifs. Un règlement de police, dont la sagesse saute aux yeux, interdit aux tueurs de franchir la grille des abattoirs avec leur « boutique » au côté, même et surtout pour aller s'adosser une seconde, entre deux exécutions, au comptoir du marchand de vin.

On égorge à la fois dans tous les échaudoirs, si bien que la bête qu'on amène doit enjamber des paquets d'entrailles pour arriver à l'exécuteur. Elle est amenée jusqu'à la porte par le bouvier, qui la pousse à grands coups de gaule; s'il y a résistance, le chien met la dent dans la culotte; mais, presque toujours, le bœuf obéit sans résistance. Au moment de franchir le seuil, il s'arrête, baisse sa tête puissante et respire un instant, les naseaux attachés au sol, la boue sanglante, d'où se dégage une odeur douceâtre, nourrissante et fade qui fait lever le cœur. On le tire, on le pousse. Il prend son parti : il enjambe les mourants et les morts, il se laisse conduire jusqu'à l'échaudoir.

Sur le seuil, un anneau de fer est scellé profondément entre les pavés; un des aides passe, dans cet anneau, le licol qui lie le bœuf aux cornes, et, violemment d'une traction sans saccade, il attire le mufle du bœuf contre la terre. Dans cette pose, la bête incline la tête sur la joue et présente son front découvert au tueur. Il se tient debout, il guette cette seconde. A la main, il tient un instrument d'apparence inoffensive — du nom de l'inventeur anglais, cela s'appelle un *merlin* — on dirait une canne Directoire : l'une des branches de la poignée est recourbée et fait crochet; l'autre se termine, droite et creuse, en façon d'emporte-pièce. Lorsque le bœuf, surpris, dompté, s'offre dans un trois-quarts favorable, d'un geste robuste, le tueur brandit son merlin et l'abat juste au-dessous des cornes, au milieu du front, là où souvent la tête du bœuf était éclaircie d'une étoile. Lui, brutalement, pesamment, sans un mugissement, s'affaisse. Alors, par le trou béant, le petit trou de clef forée que le merlin a percé dans le frontal, sournoisement, avant que le sang fuse, un aide du tueur vient enfoncer une badine de jonc; elle disparaît dans la profondeur du col et de l'échine. Avec une convulsion terrible, la bête se renverse sur le dos, l'écume vient au museau, souillée de sang et d'un peu d'herbe, les yeux se retournent, se ternissent, les pieds s'allongent : la moelle a été tranchée.

Dès que les flancs ont cessé de battre, avant tout égorgement, les valets du tueur introduisent un soufflet dans la bouche qui bave.

— C'est, m'a dit le patron de l'échaudoir, afin de donner de l'apparence à la langue, et pour faire les joues plus claires.

Après cela, au couteau.

En une seconde, la gorge est ouverte, la peau fendue du mufle aux mamelles, la bête est « déshabillée »; et, sur le sol où le sang ruisselle, la peau traîne à terre comme après un bain un peignoir humide et foulé. Alors, par les deux pieds de derrière, à l'aide d'un treuil, on élève le bœuf, tête en bas, au-dessus du sol; c'est le tableau du maître flamand;

mais la palette de la vie est plus surprenante encore, plus triomphante que celle des coloristes. Pour moi, j'avais bien supporté le ruissellement du sang, l'ouverture de la gorge, la section des artères; je m'en suis allé quand j'ai vu que le couteau du dépeceur en arrivait aux œuvres basses, et que, dans l'écartement des côtes allaient paraître, vous savez, les choses bleues et nacrées.

Les tueurs ont le cœur plus solide; bonnes gens tout de même et, à leur façon, pitoyables, ils ne s'habituent point à voir la bête souffrir; ils regardent de travers le sacrificateur israélite qui opère à côté d'eux, solennel et muet.

Lui, il tue de façon rituelle, sacerdotale, indifférente aux angoisses de la victime. Le bœuf qu'on lui amène est tout d'abord entravé par devant. A l'aide d'un treuil, l'animal est enlevé en l'air, renversé sur le dos; dans cette posture sans défense, il présente sa gorge. Il s'agit de le saigner vivant goutte à goutte.

Le sacrificateur s'approche; il tient dans ses mains un large couperet rectangulaire, luisant et froid, dont il a essayé le fil sur son ongle. D'un seul coup de cette arme redoutable, il tranche la carotide, et alors, pendant des vingt minutes de sursauts, commence, pour le bœuf, une agonie dont la lenteur répugne aux bouchers.

— Croyez-vous, monsieur, m'a dit l'un d'eux, que ça ne devrait pas être défendu de faire tant de mal à une bête qui est dédiée pour mourir (*sic*).

C'est à dessein que l'ami qui me guidait a voulu que cette excursion chez les tueurs se terminât par une visite aux porcheries.

Expliquez-moi pourquoi on dépose son attendrissement au seuil de cette bâtisse comme un parapluie dans un vestiaire?

Le spectacle est plutôt comique.

Cela tient sans doute à ce que le cochon meurt comme il a vécu, sans dignité. L'angoisse bêlante des moutons, le silence farouche des bœufs impose la pitié ou le respect. Mais les cris du cochon, ses grognements, ses soubresauts secouent d'un gros rire les bedaines des visiteurs.

Vous entrez dans un hall circulaire, obscur, plein de fumée. Sa surface est divisée en « box » où grouillent les porcs, morts et vivants, pêle-mêle. Le tueur est dans l'étable avec le troupeau; armé d'un gros maillet, il poursuit la bête désignée; il guette la minute favorable pour asséner son coup de mailloche.

Le cochon qui a déjà vu trébucher ses camarades, se fait poursuivre aux quatre coins de l'étable. Mais l'homme est le meilleur tacticien des deux, il a toujours le dernier mot dans ces parties de cache-cache. Vous voyez la massue s'élever en l'air, s'abattre avec un bruit sourd. Pan! sur les oreilles! Et, sabots en l'air, le porc roule sur le dos, comme un sac de farine. Il n'est pas mort, mais seulement étourdi; d'ailleurs, il ne se réveillera pas. Le coup de maillet a pour but de supprimer les criailleries et la résistance à l'égorgement. C'est une précaution pitoyable et ingénieuse. Aussi bien, avant qu'il ait repris ses sens, le goret a la gorge coupée.

Son sang, bouillonnant comme l'écume des framboises, est recueilli par des femmes dans des cuves d'étain. Les soies sont rasées à la hâte et le corps est porté au flambeur.

Ce bourreau des morts est, lui aussi, installé dans le box.

Comme des sardines en boite, il couche consciencieusement ses porcs côte à côte; il étale sur eux une épaisse couverture de paille, et, après qu'il s'est assuré que rien ne dépasse, ni les groins ni les queues, il met le feu à son bûcher.

Dans l'obscurité du grand hall, ces flammes montent claires, sautillantes. La lueur douteuse qu'elles donnent laisse les acteurs du drame dans la pénombre : si bien que toute l'horreur du massacre s'évanouit et que l'on croit vraiment assister à quelque spectacle inoffensif d'ombres chinoises.

... Ils sont bien blancs, ils sont bien appétissants les gorets après les cérémonies de l'épilage, du feu et la lessive. Pourtant je vous jure que l'on sort de cette maison sanglante, avec des rêves végétariens. On regarde les autres et soi-même avec horreur, à la pensée que nos corps se nourrissent de tous ces meurtres, qu'il faut cette rançon de sang et de douleur pour que nos vies subsistent. On s'étonne de n'avoir jamais songé à ces choses cruelles, on voudrait faire voir à tous cette flaque de sang qui souille l'entrée de la Ville. Puis, avec les heures, cette angoisse se dissipe. La révolte s'éteint, la résignation rentre avec cette pensée que c'est ici la nécessité inéluctable, la loi même de la vie.

C'est parce qu'après avoir traversé ces émotions, M. Lefèvre-Deslonchamps s'est élevé jusqu'à la contemplation de cette « loi », que son groupe a été conçu sans déclamation mélodramatique avec une simplicité sévère, générale, presque religieuse. Il a pris l'immolation au moment où la tête du bœuf est amenée contre terre et rivée à l'anneau. La croupe est encore debout dans un mouvement noble de marche. Le valet du tueur qui a surpris la bête tire la longe d'une main, et, de l'autre, pour verser le corps sur le flanc, il pousse à l'épaule.

Le tueur, lui, est debout, appuyé sur son merlin. Il guette sa minute pour frapper.

Oui, oui, c'est bien ainsi que je les ai vus, grandis, certes, ennoblis par l'imagination de l'artiste, mais simples et forts, conscients de l'utilité de leur besogne, ouvriers de meurtres anonymes, nécessaires, exécuteurs, eux aussi, des œuvres d'une loi plus vieille que la Justice.

II

# L'ABOYEUR DE JOURNAUX

Sitôt que vous vous leviez le matin, pour aller du côté du bois de Boulogne voir le printemps monter aux arbres; si tard que vous rentriez des représentations du théâtre, jusqu'à votre porte, jusque sur votre oreiller, il vous poursuit le boniment de l'aboyeur de journaux, — qui, lui, ne se couche, ni ne se lève.

Jadis ses savates éculées ne lui permettaient que la promenade des boulevards, l'allée et venue de la Madeleine à la Bastille. Mais voici qu'on lui a payé des souliers. Il traverse les ponts et monte à Belleville et à Montmartre. Il mange à sa faim, il boit à sa soif. Il a l'œil luisant et la bouche humide. Il sent qu'il devient roi.

C'est l'heure d'écrire sa monographie. J'ai donc été l' « interviewer » chez lui, — c'est-à-dire sur le trottoir. Je ne lui ai pas demandé d'où il vient, — cette question indiscrète m'aurait fait mal accueillir ; mais je lui ai demandé où il va et il n'a pas fait de difficulté de m'instruire là-dessus.

— Je suis entré dans le métier, m'a dit un jeune gringalet qui portait sous son bras gros de journaux comme lui-même, le jour du pont de la Concorde.

Le camelot vendeur de journaux a comme cela dans sa mémoire le souvenir de quatre ou cinq « glorieuses » qui sont la légende dorée de la corporation. Ceux qui ont assisté à ces chaudes mêlées sont pour les conscrits des objets d'envie et d'admiration. Et les recrues hochent la tête quand on leur conte chez « Strauss » ou chez « Périnet », tout en buvant chopine, les bons tours joués à la « rousse » par les doyens d'âge et de correctionnelle.

Je viens de lâcher, tout à l'heure, un mot qui a le don d'exaspérer les aboyeurs, et que vous ne sauriez prononcer devant eux sans vous attacher toute la meute aux chausses : je les ai traités de « camelots ».

Ce n'est pas « camelot » qu'il faut dire, mais « crieurs de journaux ».

Cette susceptibilité s'explique : le camelot, qu'il travaille dans le jouet ou dans l'« article parisien », est un compagnon qui fait bande à part, gagne de grasses journées de mendiant d'église et ne risque jamais sa peau dans une bagarre.

C'est un « bourgeois ».

Le crieur de journaux est un « artiste ».

Il s'époumone, il marche, espèce de Juif Errant, à la poursuite d'un maigre salaire. Mais il a la joie de vivre dans cette atmosphère brûlante de la politique qui grise le peuple de Paris comme la poudre grise le soldat. Il a des taches d'encre grasse sur sa veste; en travers de sa casquette, un titre de journal. Et, ainsi fait, il s'en va, la tête haute, vers les quartiers où la foule grouille. Il annonce à haute voix les événements du jour avec un peu de l'orgueil des messagers antiques, qui, tout essoufflés, apportaient les nouvelles de bataille aux chœurs de tragédie.

L'homme dont je vous parle là, c'est le crieur professionnel, celui qui, pour parler l'argot du métier, a toujours travaillé dans « le Croissant ». Il sera vendeur « sur le bras » tant qu'il aura des jambes; quand ses pieds ne le porteront plus, il prendra ses invalides dans la « perche ». On le verra rôder, tout cassé, autour des omnibus. Il élèvera, au-dessus de son feutre verdâtre, cette batte qui, par des anses de fil de fer, porte des journaux en croix. Il ira s'asseoir sur un banc entre deux passages de voiture. Il prêtera ses journaux aux contrôleurs, qui deviendront ses amis et qui, de loin en loin, lui payeront la goutte.

Ce crieur-là a des papiers en règle.

Il a passé chez le commissaire de police pour se faire délivrer un certificat de domicile; puis il a été chercher à la préfecture une « permission » qu'il a toujours en poche et qu'il exhibe volontiers.

On y lit son signalement, son numéro de police de cette formule :

*Le tant, de tel mois, un Tel, né en tel lieu, demeurant en tel endroit, s'est présenté à la Préfecture. Il nous a déclaré vouloir exercer la profession de colporteur et distributeur de livres, écrits, journaux et gravures.*

En un mot, tout ce qui est papier, et rien que cela. De sorte que, dans une élection récente, quand on a voulu faire distribuer par les crieurs de journaux en même temps que des portraits, des médailles à l'effigie du général Boulanger, il a fallu renoncer au zinc et se contenter de frapper en carton doré ces monnaies commémoratives.

Le crieur de journaux ne parle pas sans attendrissement de ces beaux jours.

— On ne verra rien de pareil, me disait un des sénateurs de l'ordre, un vendeur à la perche. Nous sommes trente-cinq mille inscrits, tout le monde a eu du travail, même il en restait, à glaner, derrière nous, pour un tas de claquepatins qui ont forcé ces jours-là l'entrée du Croissant et que nous ne pourrons plus mettre à la porte : tous les souteneurs que les rafles ont faits veufs, tous les marchands de transparentes du Palais-Royal et des galeries de Rivoli, sans compter les indicateurs de police qui gagnent leurs quarante sous, à nous écouter causer. Je voudrais voir un peu qu'on mît des barrières aux deux bouts du Croissant et qu'on ne laissât sortir que les *perches* et les *sur-le-bras* qui pourraient exhiber la permission timbrée. Il en resterait, vous pouvez m'en croire, de l'asticot sur le pavé! A l'heure qu'il est on ne sait plus où mettre les pieds. Et ça durera ce que ça voudra. Nous ne sommes plus maîtres chez nous!

« Chez nous », c'est cette glorieuse rue du Croissant dont le nom est déjà revenu pas mal de fois sous ma plume.

Les crieurs de journaux règnent ici en despotes. Si vous êtes curieux de spectacles pittoresques, allez rôder par là quelque jour, mais regardez cet enfer de loin; n'entrez point dans la bagarre.

De la rue du Sentier à la rue Montmartre court un étrange boyau de rue long tout juste de deux cents mètres, qui s'enfle au milieu et s'étrangle aux bouts comme une bourse.

C'est la rue du Croissant.

Paris n'a point de ruelle plus noire, à cause de l'encre d'imprimerie qui coule à flots dans les ruisseaux et graisse le pavé glissant sous la botte. De chaque côté, des rez-de-chaussée aux mansardes, une seule catégorie de locataires : des journaux de toute couleur, de toute nuance, de toute orthographe et les gens qui vivent là autour : rédacteurs, reporters, imprimeurs, « typos ». On les voit, coiffés de chapeaux de papier, accoudés aux fenêtres, en longues blouses blanches.

Jour et nuit le pavé — comme un pont de navire à vapeur — tressaille de la rotation des machines. Et il n'y a pas de quai d'embarquement plus encombré que les trottoirs de cette ruelle. Ballots de papier en feuilles, charrettes à bras, belles voitures à glaces attendant l'heure de courir, le fouet et haut et claqueur, vers les gares.

Au milieu de la chaussée, une foule sans nom :

Les crieurs.

De six heures du matin à deux heures de nuit; ils demeurent là, attendant l'embauchage pour des distributions gratuites ou bien c'est un journal qui veut se lancer, un feuilleton-appât, des brochures-réclames qu'il s'agit d'éparpiller à travers Paris. En douze heures d'horloge un homme peut distribuer ses deux mille imprimés et gagner ainsi une pièce de cent sous. Mais quand la vente du journal marche fort, et c'est le cas depuis quelque temps, on aime mieux travailler à son compte, passer toute la journée au *Bar de la France* à se préparer le gosier pour le « coup de chien » du soir, boire des marcs, en jouant au bouchon ou aux cartes.

A cinq heures, par exemple, tout le monde est sur le pont. On gesticule, on braille. De loin vous diriez une émeute. On se presse autour des boutiques des deux ou trois marchands de journaux en gros. Et tout à coup, au bout de la rue, des hommes apparaissent portant sur leurs têtes comme des piles de drap mouillé, les journaux encore tout frais des presses.

7.

Alors l'agitation redouble, on vocifère, on se bat.
— Est-ce la *Cocarde?*

La faveur du camelot est inconstante. Il a un flair admirable pour deviner quel papier se vendra aujourd'hui comme de la galette. C'est celui-là qu'il réclame, il ne veut point entendre parler des autres. De là des hausses et des baisses subites dans la vente du cent de journaux, pour un titre d'article retentissant.

Le marchand en gros qui débite toute cette encre, tranquillement, derrière son guichet, met à l'enchère :

— A deux francs le cent, à deux francs !

Il y a preneur, tous les bras se tendent. Et le journal s'enlève, tandis que des feuilles rivales tombent ignominieusement à trente sous et quelquefois plus bas.

J'ai interrogé un peu partout pour savoir quels « articles » se vendaient le plus vite le long du trottoir, et voici ce qu'on m'a répondu :

— C'est la politique qui fait encore le mieux marcher la vente. La journée tombe de quatre francs à quarante sous pendant les vacances des députés. Les faits divers ne plaisent plus tant qu'autrefois. L'incendie fait banqueroute. Le crime? Mauvaise affaire, à moins qu'il ne soit double ou triple. Encore faut-il savoir le lancer ! L'accident aux courses a un public considérable sur les boulevards et dans les faubourgs. Mais la mort des souverains, les coups de revolver à la Chambre, les chutes de ministères, voilà les grandes recettes !

Et c'est cela que l'on crie à tue-tête, au nez des agents, qui ne peuvent plus rien dire, car chaque aboyeur porte soigneusement sur soi un petit morceau de journal collé sur carton, où on lit à la rubrique Tribunaux :

« Sur les conclusions de M. le conseiller Veselay et après plaidoirie de M⁰ Bazile, la loi municipale de 1884 est réformée. Les crieurs de journaux sont autorisés à annoncer les nouvelles contenues dans les feuilles qu'ils vendent sur la voie publique. »

Vous savez s'ils usent de la permission !

## III

# LES RAMASSEUX DE MÉGOTS

La pioche des démolisseurs, qui ne respecte aucun lieu consacré par les traditions, vient encore une fois d'éventrer la place Maubert. Le percement du boulevard Saint-Germain l'avait déjà largement écornée.

Depuis que le tabac est inventé, c'est là qu'une catégorie pittoresque d'industriels parisiens, les « ramasseux de mégots » — de leur propre aveu, ils sont plusieurs milliers dans ce « truc-là » — tenaient quotidiennement leur bourse.

Je gage que si jamais vous les avez croisés, à la nuit tombante, vous vous êtes détourné d'eux avec un mouvement de dégoût et d'effroi. Et vraiment ils ont de sinistres silhouettes. Leurs vêtements, toujours les mêmes, souillés de boue et de pluie, ont pris l'aspect luisant de ces capotes en toile cirée que les marins revêtent pour aller à la mer. Le « ramasseux de mégots » préfère cette vieille défroque à une redingote neuve : la pluie ne pénètre pas ces étoffes graissées. Des collets relevés de ces surtouts étranges sortent des têtes horrifiques d'hommes-chiens, des visages tirés, de-ci de-là, par la barbe, des figures effondrées comme on en voit derrière les vitres de la Morgue sur l'oreiller de zinc.

Lentement, les mains dans les poches, avec des mouvements ankylosés, ils tournent sur leurs jambes lasses autour du piédestal qui attend un Étienne Dolet. De temps en temps ils abordent un passant; ils lui glissent quelques mots à l'oreille, à voix basse. Ils entr'ouvrent un petit sac. Ils sourient avec des lèvres mystérieuses, sourire d'invitation et de complicité qui découvre des gencives édentées, ravagées par la chique.

Puis, en cercle toujours plus grand, ils recommencent leur promenade avec cette torpeur paralytique, cette souffrance frileuse d'hommes qui ne s'assoient point, qui ne se déshabillent point, qui ne dorment jamais.

Et pourtant ils méritent un mouvement de pitié des âmes charitables, ces vaincus de la vie, qui, tombés tout en bas, tentent un héroïque effort de travail avant de tendre la main. J'ai voulu percer le secret de ces existences à vau-l'eau. J'ai bloqué l'un d'eux dans le fond d'un cabaret de la rue Galande ; je lui ai demandé de me confier son histoire.

C'est cette histoire-là que je viens vous rapporter dans les termes pittoresques où on me l'a contée.

— Tel que vous me voyez, monsieur — mon « ramasseux de mégots » avait sous un chapeau mou, couleur de boue, le nez en manche de rasoir que Rabelais a donné à Panurge, une cravate rouge à la place du linge et un paletot boutonné jusqu'au genou, avec des agrafes de ficelle — tel que vous me voyez, monsieur, voilà sept ans que je suis dans le mégot. J'ai commencé par la confiserie. C'est un métier qui « délétère » l'estomac. Il m'a mis par terre. J'ai pris le tabac en attendant la chance, j'y suis resté. C'est l'histoire de tout le monde ici. Dans le métier il n'y a que des hommes usés... »

Si vous aviez entendu comme il prononçait doucement ce mot : usés, sans colère, avec cette résignation du peuple qui accepte sans indignation les férocités de la lutte pour la vie.

— ... « Oui, des hommes usés, et aussi à l'occasion quelques jeunes gens de famille brouillés pour des amourettes, qui se sont mis dans la pauvreté par amour-propre... »

Elle est pourtant rude la besogne des « ramasseux de mégots », et l'on n'a pas le droit d'accuser leur paresse.

A deux heures du matin, après la fermeture des brasseries, ils commencent leurs tournées. Il s'agit de glaner le trottoir avant le passage des balayeurs. A midi, seconde course. A neuf heures troisième tournée, aux portes des restaurants et des salles de spectacle. Un homme laborieux qui n'a pas la vue trop mauvaise peut espérer récolter cent à cent cinquante grammes par tournée. Une bonne journée rapporte jusqu'à cinquante sous. Les jours de pluie « quand il tombe de l'eau », on en fait pour douze a quinze sous bien juste. D'ailleurs c'est ici les hasards de la pêche à la ligne. L'affaire importante est de connaître les bons endroits. C'est à savoir : le cours de la Halle aux Blés, la bourse du Louvre, les cafés des boulevards, en été les jardins publics, et les musiques militaires.

Même, quand la saison est belle, il arrive au « ramasseux de mégots », qui pendant l'hiver s'est amassé une petite balle, de sortir des fortifications et d'aller, battant la banlieue, vendre sa marchandise aux carriers. Le péril des expéditions est un attrait pour ces irréguliers. Il faut qu'ils se gardent de la dénonciation des bureaux de tabac et des femmes qui trouvent que le mari fume trop, et désignent le voyageur au gendarme. Pris, on en a pour six mois de prison, encore que ce tabac ait payé les droits de régie.

A Paris on ferme les yeux, et c'est sous l'œil paternel du gardien de la paix que le « ramasseux de mégots » exerce son petit commerce. Il vend son tabac de cinquante sous à trois francs la livre. Et par petits paquets de six grammes pour un sou, quatorze grammes pour deux. Chacun a sa clientèle attitrée.

D'abord les ouvriers qui viennent s'achalander trois fois par jour, à sept heures, à onze heures, à six heures, à l'entrée comme à la sortie des ateliers. Puis il y a les clients en redingote, des retraités militaires, des employés de ministère dont les appointements ne peuvent nourrir le vice. Ceux-là concluent leur marché rapidement, avec une honte visible, des coups d'œil autour d'eux. Enfin, on note le client qui vient d'un quartier éloigné, tous les mois, à la même heure, acheter sa provision de quatre semaines, et les bonnes gens à qui l'on va proposer la marchandise à domicile : les vieillards dans les asiles, les fous à Charenton.

Il y a trois catégories de tabacs du trottoir :

Le petit ;

Le gros ;

Le théâtre.

Le « théâtre » se fabrique avec des londrès, c'est une marchandise de choix ; on n'y mêle ni cigarette ni tabac de chique. La cigarette froide sent en effet la fumée plus violemment que le cigare. Quant à la chique — pardonnez-moi cette expression naturaliste, — « elle garde toujours l'odeur de celui qui a jeté, et il y a des personnes qui ont des *essences* très fortes ».

Tabac de chique, tabac de cigarette, tabac de cigare subissent entre les mains du « ramasseux de mégots » un traitement uniforme.

Quand on a « recueilli », le premier soin est de couper le bout de cigare et la « tétine » sur une petite rondelle de bois que le ramasseux a toujours dans sa pochette. Puis on « dévrillote » son cigare, c'est-à-dire « qu'on l'épluche comme des petits pois ». Quand le tabac est bien sec, il ne reste reste plus qu'à le faire « friser ». Pour cela on le roule doucement dans ses mains où il ne tarde pas à reprendre « l'aspect de la nouveauté ».

— Jugez-en plutôt, monsieur ?

Et le bonhomme m'a ouvert un paquet de « théâtre ». J'ai approché mon nez et mes yeux. Rien ne m'a révélé la supercherie.

Fumeurs, mes frères, méfiez-vous du paquet de cigarettes toutes faites que les demoiselles des débits vous vendent sous leurs tabliers. J'ai vu sur le marché de la « Maub » un vieux courtier israélite — le père Calchas — qui achetait un peu de toutes les mains, bien au delà de ses besoins et de sa « consommation », — pour la vôtre.

Mon ramasseux de mégots était pressé de porter ses offres à ce barbon vénérable. Pourtant je ne lâchai pas encore sa boutonnière. Il m'avait livré le secret de son métier, je voulais savoir encore celui de sa philosophie.

— Avez-vous été marié ? lui demandai-je.

Il sourit encore une fois, très doucement et me répondit :

— J'y ai pensé autrefois, il y a bien longtemps, quand j'étais dans la confiserie. Il y avait là une personnette qui me plaisait bien, et pas une rien du tout, vous savez, une demoiselle de patron ! Je lui revenais peut-être moi aussi, mais j'étais trop timide. J'ai rien osé lui dire. Ça fait qu'on s'est en allé, chacun de son côté, comme des bêtes, sans se dire ses opinions. Il y a eu des jours où j'ai regretté, et sûrement si ça s'était fait je n'en serais pas là. Mais bah ! monsieur, tout a son avantage, même ma pochette et mes galoches. Je suis libre, je vais où je veux, je ne dépends que de moi...

Et avec un air de fierté qui transfigurait son visage, le ramasseux de mégots ajouta :

— ... Un homme qu'est garçon, monsieur, c'est pire que Dieu !

IV

## LES AIGREFINS

L' « Affaire » dite des « Décorations » qui s'est terminée par la démission de M. Grévy est devenue d'ores et déjà une cause célèbre. L'émotion qu'elle a soulevée n'est pas calmée. Encore aujourd'hui on rencontre des gens — avez-vous remarqué que pas un d'eux n'a le ruban rouge à la boutonnière ? — qui vont répétant sur tous les tons :

— Tant mieux ! tant mieux ! Si cela pouvait guérir les Français une fois pour toutes de cette enfantine manie des décorations, qui jure avec notre gravité moderne, nos habitudes sérieuses d'esprit. Il faut espérer, que, du coup, les honnêtes gens vont fourrer leurs insignes dans leur poche.

Et, s'il se trouve dans l'assemblée un camarade dont quelque 14 Juillet ait fleuri la boutonnière, on se tourne vers lui et l'on ajoute :

— Tenez, voilà Machin. Croyez-vous que nous avons eu besoin de voir du ruban rouge à son habit pour deviner que c'était un garçon distingué ? A quoi le ruban lui a-t-il servi ?

Et Machin, qui ne se sent pas soutenu, capitule honteusement :

— A rien. Si pourtant : elle est commode pour faire marcher les cochers de fiacre et pour tirer des renseignements sérieux des gardiens de la paix.

La vérité, c'est que le ruban sert encore à autre chose.

Que l'on déplore ce divorce de l'esprit et de la matière ou qu'on le trouve piquant, il est sûr que l'on ne peut songer à juger un homme sur la mine. Nous avons tous connu des coquins chevronnés à figure de saint Vincent de Paul ; des philanthropes que nous aurions regardés de travers, à minuit, au coin d'un bois ; des hommes de génie qui avaient la tête de tout le monde, et presque aussi souvent des imbéciles à fronts de penseurs. D'autre part, l'homme a tant d'intérêt à être renseigné sur le compte des autres hommes, à savoir ce qu'il peut attendre d'eux, que, en l'absence d'indications naturelles, de tout temps on a songé à stigmatiser les méchants par des signes extérieurs, des T F, des fleurs de lis au fer rouge — tout comme on met du foin à la corne des taureaux vicieux — et, réciproquement, à distinguer les excellents de la foule par des insignes éclatants.

Ces insignes ont infiniment varié avec les modes,

les pays, et les âges. D'une façon générale, ils devraient tendre moins à parer l'habit qu'à rappeler, avec la plus exacte précision possible, la nature du mérite qu'ils signalent aux respects. Si l'on était strict là-dessus, il faudrait logiquement en venir au port de pancartes ou de tableaux analogues à ceux que les aveugles promènent sur les ponts, avec la légende et l'illustration de l'accident où ils ont perdu la vue. Ce système incommoderait bien fort les personnes que l'on a dessein d'honorer ; puis, quand il s'agirait d'individus tout à fait illustres ou de bienfaiteurs de l'humanité, d'un Victor Hugo, d'un Pasteur, un seul tableau ne suffirait plus à l'énumération des *bene meruit;* il faudrait probablement alors recourir à l'application de deux volets, un par devant, un par derrière, selon la mode des hommes-sandwiches. Peut-être même, dans certains cas, la nécessité s'imposerait de faire suivre la personne auguste de tout un défilé encombrant de porteurs.

C'est pour éviter ces inconvénients que, dès la plus haute antiquité, on a inventé les insignes décorant la poitrine. Sans doute ils avertissent moins explicitement qu'une pancarte de la qualité des mérites récompensés, mais ils laissent plus de liberté de mouvement au porteur et d'aisance à la circulation de la foule dans les rues.

Je les ai passés en revue l'autre jour, toutes ces croix, toutes ces décorations, toutes ces médailles, tous ces crachats, toutes ces plaques, dans l'album in-folio qui accompagne la *Chronique des ordres de chevalerie et marques d'honneur accordés par des souverains et des régences*, publiée à Berlin en 1855 par *H. Schulze, lieutenant royal prussien dans l'artillerie de la landwehr*. C'est un fourmillement éblouissant d'insignes presque aussi nombreux que les étoiles de la voie lactée. Il y en a pour les hommes et pour les femmes, pour les prélats, pour les guerriers, pour les laïques. Il y en a d'une beauté admirable, comme les anciennes croix du Saint-Esprit « en or à huit pointes, pommelées d'or, émaillées de bleu par les bords, flamboyées d'émail vert, chargées au cœur des fleurs de lys, d'une colombe d'argent en pendant, avec l'image de saint Michel ». Il y en a de titres surprenants et qui laissent rêveurs, tels le *Nègre du pape*, et cet étrange ordre espagnol, *Croix de distinction pour les prisonniers de condition civile* (sic).

On a prévu tous les genres de mérite, on les a tous récompensés. Le moyen donc, pour un homme qui, après fortune honorablement faite, commence à bedonner, de s'arrêter au Palais-Royal devant la montre d'un marchand d'insignes sans se dire :

— Il n'est parbleu pas possible que je ne possède pas une des qualités que l'on honore de ces distinctions-là. Comment m'y prendre pour qu'on ne m'oublie point dans le partage ?

C'est là l'heure critique que guettent les agences interlopes. Un beau matin l'homme qui voudrait bien être décoré reçoit, sous pli cacheté, un avis imprimé, dans le goût de celui-ci : l'original est entre mes mains.

« Monsieur,

« Si vous croyez avoir quelques titres à faire valoir
« pour l'obtention de récompenses honorifiques
« (croix ou titres nobiliaires), et que vous vouliez nous
« charger de la représentation de vos droits, nous
« vous garantissons la réussite de l'entreprise...
« Écrire.. »

L'amateur de décorations hésite : on fait tant de dupes de par le monde. Pourtant, il se rappelle avoir lu quotidiennement, dans certains journaux, des annonces comme celle-ci :

Pr DÉCORATIONS étr. brevets de chev... off... com... ou baron, authentiques, pouvant se porter, écrire à M. X..., rue... Honor. contr. titres.

— Après tout, se dit-il, cela n'engage à rien. Il faut voir.

Et il écrit, en indiquant lui-même, par prudence, une adresse de poste restante.

Ce que j'ai fait.

Bien que l'annonce m'eût invité à écrire à Bruxelles, la réponse me vint de Paris. Je l'ai conservée. En voici la copie :

« Paris, le 14 déc. 1885.

« Monsieur, je viens vous accuser réception de
« votre lettre adressée à Bruxelles. Si vous êtes dé-
« cidé à faire une dépense *minimum* de deux mille
« francs, je vous donnerai tous les détails que vous
« me demandez.

*Signé, en toutes lettres :*
« A. R. de B.

« Numéro... rue de M..., Paris. »

J'avais fait expédier ma lettre d'Allemagne, afin d'avoir l'occasion d'écrire à l'agent que, ne pouvant venir le trouver en personne, je désirerais, avant que d'envoyer des fonds, obtenir de lui quelques renseignements encourageants sur l'efficacité des influences dont il disposait.

Presque courrier par courrier, il me répondit que l'on exigeait *comme garantie de ma discrétion* mon nom, mon adresse et ma signature complète au bas de mes lettres.

Il reçut un billet aussi compromettant que possible pour moi, signé, bien entendu, d'un pseudonyme. J'espérais qu'il s'y laisserait prendre. Mais sans doute il flaira le piège ou il fit prendre des renseignements par un camarade, qui découvrit l'imposture, car ma lettre demeura sans réponse, ainsi que deux autres que je lui écrivis par la suite.

Avec un autre agent — celui-là habite Versailles

et je vois encore, de temps à autre, des annonces de sa façon à la quatrième page des journaux — j'avais abordé nettement la question de la Légion d'honneur. Je déclarais avoir été chargé de ces démarches par un industriel qui était disposé à de larges sacrifices.

Un monsieur qui me donna rendez-vous à la gare de la rive gauche et avec qui je causai pendant une bonne heure, en long, en large dans la cour du château, m'expliqua *que cela était impossible.*

— Mais il y a bien des façons de s'arranger, me dit-il. L'important, pour une personne honorable qui a atteint un certain âge et qui a un bon rang dans le monde, c'est de pouvoir porter à sa boutonnière une rosette authentique. Eh bien, si la personne dont vous nous parlez veut faire les sacrifices nécessaires, nous nous faisons fort d'obtenir pour elle le Nicham Iftikar. Vous me dites que notre client est déjà officier d'académie. Or, vous le savez, le Nicham est rouge et vert; en faisant entrer le violet dans la combinaison multicolore de la rosette, pour tout le monde notre client aura l'air d'être décoré, outre de l'insigne violet de l'Université, de celui de la Légion d'honneur, qui est rouge, et de l'ordre italien de Lazare et Maurice, qui est vert.

Cet agent n'était qu'un demi-filou et il ne trafiquait guère que de décorations exotiques.

Ces rubans-là ont une réputation particulière : il est entendu que de fort honnêtes gens, qui ne cherchent à surprendre la bonne foi de personne, les portent en soirée pour se divertir, parce que les gardénias sont chers et parce qu'une note de couleur claire rompt la monotonie de l'habit. Il n'est peut-être pas mauvais pourtant de rappeler en passant à ces amateurs de quincaillerie exotique qu'ils s'exposent, en portant des insignes dont ils comprennent mal les devises, à des surprises désagréables. Nous en avons eu récemment en Orient deux exemples assez comiques.

Il y a une dizaine d'années, M. Bourée avait prié un de nos ministres en Chine, M. de M..., de lui rapporter quelque bouton de mandarin chinois, pour placer ce bijou dans sa collection.

M. de M... revient; naturellement il avait oublié la commission de M. Bourée. Lui-même avait été fait mandarin du *courage civil* ou de quelque autre collège dont j'oublie le nom.

— Eh bien! et mon bouton, demanda un jour M. Bourée au diplomate, y avez-vous pensé?

— Parbleu! répondit M. de M... en se frappant le front.

Et le lendemain il envoya à M. Bourée son propre insigne avec le brevet.

Là-dessus des années passent, M. Bourée part à son tour pour la Chine; bien entendu, il emporte son bouton dans sa cassette et s'en pare, dès le lendemain de son arrivée, pour la cérémonie de la présentation officielle.

Au cours de la réception, il s'aperçoit que le vice-roi de Petchili, Li-Hung-Chang, contemplait son bouton avec une curiosité particulière.

— Ah! ah! lui dit-il, vous examinez cet insigne. J'ai tenu à m'en parer exclusivement pour vous faire honneur.

— Nous vous en remercions, répondit le vice-roi; mais comment se fait-il que les caractères que je lis là tout autour indiquent que cette distinction a été accordée à M. de M...?

L'autre aventure n'est pas moins gaie. Elle se passe, il y a quelques mois en Annam.

Le vice-roi avait été invité à accorder à un assez grand nombre de Français une décoration indigène, et la remise des insignes avait lieu dans une réception de gala, avec une pompe tout à fait orientale.

Les décorations étaient placées dans un grand vase, à gauche du vice-roi; les brevets, à droite, dans un autre vase.

Notre ministre, M. Lemaire, eut l'idée de jeter les yeux sur ces caractères, et, à sa grande surprise, il s'aperçut que chaque brevet portait, à la suite de l'indication des noms du nouveau chevalier, une épithète injurieuse, différente et savamment choisie.

Vous imaginez s'il se fâcha rouge. On jeta les brevets au feu et il fallut recommencer toute la cérémonie, à la confusion du roi et de ses scribes.

Ce sont des décorations de cette qualité que l'on trouve à vendre dans les agences interlopes. Il y a de par le monde pas mal de rois en exil, petits princes italiens dépossédés, ducs, roitelets, électeurs allemands, sans sou, ni maille, qui ne sont point fâchés d'augmenter leurs revenus par le débit annuel de quelques croix sans placement.

Feuilletez au hasard cinq ou six numéros de *Fliegende Blætter* de Munich. Vous y trouverez tout comme chez nous, les réclames d'un certain M. Walden, de Londres, qui promet pour de l'argent des titres de noblesse, des décorations, des médailles, le titre très recherché de docteur. L'annonce écrite en caractères latins, commence par ces mots : « Orden, adel », c'est-à-dire : décorations, noblesse.

Rien n'empêche d'ailleurs les simples particuliers de fonder des ordres dont ils vendent les insignes contre espèces trébuchantes aux personnes qui tiennent absolument à posséder un brevet et un bout de ruban. On se fait à cet honnête métier dix mille francs de rente en peu de temps, beaucoup plus sûrement qu'avec l'élevage des lapins ; voici comment l'on procède :

Je fonde, par exemple, l'ordre des *Admirations de Le Roux*. Je vais trouver un marchand de décorations du Palais-Royal, je le prie de me fabriquer des insignes agréables à voir ; j'ai bien soin de mettre du rouge dans le ruban, cette condition est indispensable pour faciliter le placement de l'insigne.

Puis, avec un beau diplôme de parchemin, j'envoie

mes décorations à Léon XIII, à M. Renan, à M. Carnot, que je nomme commandeurs.

Il ne me reste plus qu'à faire imprimer des prospectus que j'expédierai sous bande à des nigauds pour voir affluer les demandes.

J'ai lu, dans la chronique de M. Schulze, que quand l'impératrice Eléonore fonda, en 1668, pour les dames autrichiennes l'ordre de la Croix-Etoilée, elle déclara dans ses statuts que cet insigne serait accordé aux personnes qui auraient reçu du ciel l'avis pieux d'en faire la demande. Il arriva, comme vous vous imaginez bien, que toutes les dames furent divinement avisées, et il y eut nécessité de faire un tri.

Croyez qu'il en sera toujours de même. Si vous créez demain un insigne à décerner aux philanthropes distingués, en échange d'un billet de cinq cents francs. Il y aura au moins quatre ou cinq mille vaniteux qui, en lisant votre annonce, dans leur lit, le matin, se découvriront subitement, là où ils ont une vilaine concavité d'égoïsme, la bosse des amoureux de l'humanité.

Naturellement, la chancellerie ne tolère point l'exhibition publique de ces insignes apocryphes ; ceux qui les portent se consolent de cette rigueur en fleurissant leur boutonnière chez eux, en soirée, en fiacre, au crépuscule, en pleine campagne, dans l'escalier de leur cave. Et ils pâlissent de jalousie quand ils voient passer dans les rues, musique en

8.

tête et bannière au vent, les sauveteurs constellés de médailles.

Pour ceux-là, la chancellerie fait une exception honorable. Elle tolère que, dans les grands jours, ces braves gens paradent un peu par les rues, en veston bleu marin, avec, sur la poitrine, les croix qu'ils se sont accordées, en petit comité, les uns aux autres, pour faits notoires de courage.

Et, ce permettant, la chancellerie agit bien. Je visitais, la semaine dernière, dans les environs du Palais-Royal, un atelier de fabrication de croix et d'insignes. C'est un travail d'orfèvrerie infiniment délicat, on n'y peut réussir qu'après une longue pratique, et les ouvriers qui s'y adonnent sont forcément de bons sujets.

Je causais avec le patron de l'atelier et, de propos en propos, nous en étions venus à parler des médailles de sauvetage.

— Vous ne sauriez croire, monsieur, me disait cet industriel, à quel point les ouvriers, qui sont de grands bons enfants, sont sensibles à toute marque extérieure qui les distingue. J'en ai connu qui fêtaient plus que de raison la bouteille. Un hasard leur a fourni l'occasion d'accomplir un sauvetage ; ils ont reçu une médaille ; du coup ils ont été rendus meilleurs. Ils ont cessé de se griser *par respect pour leur ruban*. C'est un sentiment un peu enfantin, si vous voulez ; qu'importe, s'il contribue à provoquer chez des simples le goût de la dignité personnelle ? On avait accueilli dans les ateliers, avec une joie profonde, la nouvelle que les ouvriers, après trente ans de services chez le même patron, recevraient une médaille d'honneur. Eh bien ! cette promesse n'a pas été tenue. On a voté des crédits tout à fait insuffisants, on a fait banqueroute aux demandes. Tenez vous voyez bien ce vieil ouvrier qui travaille là, penché sur son établi, la loupe dans l'œil ? Il est assis à cette place depuis quarante-sept ans. Voilà quarante-sept ans qu'il cisèle des décorations pour les autres ; j'ai demandé la médaille pour lui ; son dossier est excellent ; il a accompli dans sa vie plusieurs sauvetages, le quartier lui a voté des félicitations autrefois, lors de l'incendie du Théâtre-Français. Je n'ai rien obtenu.

— Nous n'avons pas d'argent, m'ont répondu ces messieurs.

— Mais je payerai...

— Cela est impossible, le texte de la décision est précis : « Il sera accordé... »

Mon ouvrier, monsieur — ils sont des centaines dans ce cas — a conçu un chagrin très vif de cet échec. L'autre jour, le garçon qui est là-bas disait tout joyeux en entrant à l'atelier : — Je commence aujourd'hui ma dix-septième année ; plus que treize ans pour avoir ma médaille. — Si on te la donne comme à moi ! a répondu le vieux.

Ces manques de parole-là produisent un bien mauvais effet dans le peuple. On s'est beaucoup ému, ces jours-ci, de ce fait que des gens pouvaient bien porter des croix qui ne leur appartenaient point. On devrait bien s'occuper un peu maintenant des honnêtes gens à qui on a promis des récompenses méritées qu'on ne leur donne pas.

Je recommande ces réflexions toutes simples aux sceptiques qui haussent les épaules quand on leur parle de « la croix » et qui rêvent de convertir l'humanité à des religions sans culte.

V

## LES BONNETEURS

C'était l'hiver dernier, dans le train qui nous ramenait des courses de Saint-Ouen.

J'avais négligé de consulter les « Appréciations » des journaux et j'avais voulu jouer tout seul, comme un grand garçon ; le sort, qui n'aime pas les présomptueux, venait de m'étriller de la belle manière. Et je cherchais, pour rentrer à Paris, un wagon solitaire où j'aurais pu m'injurier tout haut.

Ceci est un phénomène de conscience bien connu des psychologues : toute erreur morale inspire momentanément le goût de la solitude ; notre mère l'Église, édifiée sur les plus secrètes tendances de la nature humaine, a fondé l'institution des retraites sur ce désir intime du pécheur.

Il y a dans les couvents respectables de petites cellules réservées aux personnes repentantes qui souhaitent passer quelques instants en tête à tête avec leur âme.

La Compagnie du Chemin de fer de l'Ouest, infiniment moins soucieuse de l'amélioration morale de ses voyageurs, ne met pas de wagons-cellules au service des parieurs décavés. C'est une faveur qu'elle réserve aux voleurs de grands chemins; les volés n'y ont point de titres.

Il me fallut donc, monter dans une voiture où il restait bien juste une place libre. Je n'y entrai qu'avec beaucoup de mauvais vouloir, poussé aux reins par le monsieur à casquette galonnée qui ferme les portières. J'ai pensé depuis qu'il était peut-être complice de la bande avec laquelle il m'a fait voyager jusqu'à Paris, mais c'est là une présomption si grave, que je la formule pour moi tout seul. Si vous m'accusiez de vous avoir glissé un mot de ce soupçon, je répondrais sans hésitation :

— Vous avez mal entendu.

Deux de mes compagnons de voyage portaient ces vêtements à larges carreaux anglais qui sont la livrée des filous du champ de courses. En face l'un de l'autre, ils étaient assis contre la portière du quai de débarquement. Deux personnes tournées comme vous et moi — c'est extraordinaire combien les filous ressemblent aux honnêtes gens ! — achevaient de meubler les deux premières stalles du compartiment.

Ces deux misérables — complices des bonneteurs

— lisaient le *Constitutionnel*, pour faire croire aux gogos, qu'ils étaient des personnes de province bourrées de préjugés et de scrupules.

On commençait à peine de rouler qu'un des « carreaux anglais », se tournant vers ces deux comparses, leur tint exactement ce langage :

— Ces messieurs reviennent des courses?

Les deux lecteurs du *Constitutionnel* laissent tomber leurs journaux d'un air étonné et font « oui » du chapeau.

— Ces messieurs ont perdu ?

Même hochement de tête.

— Et ces messieurs ne veulent pas tenter de se refaire ?

Les deux lecteurs du *Constitutionnel* se regardent avec une hésitation bien jouée. Le « carreau anglais » ne perd pas de temps :

— Voici, dit-il, le jeu que je vous propose. La *ratière*, tout le monde connait ça. C'est un jeu classé, un jeu qu'on ne *harnaque* pas.

Il avait sorti de dessous son mac-ferlane une petite caisse en acajou, un peu plus grosse qu'une boite à dominos.

— Tenez, continua-t-il, voici comment le jeu fonctionne. Ce côté de la ratière est mobile : il fait trappe. J'enferme là dedans toutes ces billes et je secoue, je secoue...; puis j'ouvre de façon à n'en laisser sortir qu'une seule. Cette bille, que le hasard désigne, est comme toutes ses camarades percée de part en part, — vous voyez, à la façon d'une perle ; — dans cette cavité est fixé un papier rouge, rouge et blanc ou tout blanc, dont la couleur correspond aux couleurs des figures du petit tapis... Développe le tapis, Arthur...

L'autre « carreau anglais » étala sur ses genoux une pièce de serge, sur laquelle des figures étaient ainsi disposées :

| BLANC ||
|---|---|
| ROUGE | ROUGE et BLANC |
| ROUGE | ROUGE et BLANC |
| ROUGE | ROUGE et BLANC |

L'homme à la ratière continua :

— Vous avez fait votre mise sur une de ces six couleurs, celle qui vous plait, à l'exception du blanc qui appartient au banquier. Supposons que c'est la rouge. Rouge sort. Je double toutes les mises du tableau rouge et je ramasse les autres. Si par hasard la bille contenant le papier tout blanc venait à sortir, je gagnerais tout.

Nous avions écouté ces explications avec attention. Les grands carreaux nous inspiraient bien une salutaire méfiance; mais nous ne voyons point par quel artifice on aurait pu, comme disait l'autre — *harnaquer* la *ratière*.

— Essayons-nous? se demandèrent les deux lecteurs du *Constitutionnel*.

Ils essayèrent, et la chance leur fut tout d'abord favorable. Les deux hommes à carreaux se lançaient des regards furieux ; les deux « *Constitutionnels* » souriaient benoîtement, empochaient pièce blanche sur pièce blanche.

Qui se serait méfié, je vous prie ?

Nous ne nous méfiâmes donc point et, au douzième coup de *ratière*, tout le compartiment pontait.

Alors, il se passa ce phénomène singulier :

La chance, abandonnant les deux « *Constitutionnels* », nous massacra tous les huit.

La bille blanche sortit trois fois sur sept coups :

— C'est la première fois que ça m'arrive, disait le banquier en ricanant.

Je pensai tout bas :

— Et moi c'est la dernière fois que cela m'arrivera.

Trop tard. Mon gousset était vide. Les trois autres gogos s'acharnèrent. La *ratière* dégonfla leurs poches.

Nous étions montés décavés dans ce wagon; nous en descendîmes à sec.

Mais c'est une satisfaction bien platonique que de se dire :

— J'ai été volé.

On veut encore savoir par quel artifice.

9

Je m'interrogeais donc tristement là-dessus en arpentant le trottoir et je pensais :

— Je ne l'ai pas quitté des yeux, ce misérable bonneteur. A quel tour de passe-passe doit-il sa veine impudente ?

Tandis que je me torturais l'esprit, quelqu'un me bouscula sur le trottoir. Je me retournai de fort méchante humeur et je reconnus Pan-Pan.

Tout le monde a un « Pan-Pan » dans sa vie. Le mien est un homme extraordinaire. Il tient d'Asmodée, de Passe-Partout et du docteur Miracle. Il est mon guide ordinaire dans mes courses à travers le Paris inconnu. C'est un homme à transformations, à incarnations aussi diverses que celles de Vichnou. Vous retrouverez sans doute son nom dans ces notes sur Paris. Dites-vous, quand je ne le nommerai pas, que je veux m'attribuer à moi seul tout le mérite de la découverte et que je suis un ingrat.

Pan-Pan était déguisé ce jour-là en bon monsieur à canne à bec et à bésicles qui regarde les petites filles danser à la corde. Je lui contai mon malheur. Il rit de ce rire silencieux dont il prétend avoir contracté l'habitude dans un séjour qu'il aurait fait aux appointements de sorcier chez les sauvages du Far-West.

— Vous tombez bien, mon cher ami, me dit-il. J'ai construit moi-même une douzaine de ces *ratières* pour un souverain d'Indo-Chine. Je puis vous en dévoiler le secret. Sur les sept billes que le banquier enferme dans sa boîte, trois sont un peu plus petites que les autres, ce sont indifféremment les trois rouges ou les trois blanches. Le teneur a dans sa manche une seconde trappe, à l'intérieur de laquelle est ménagée une entaille de dimension telle, que les plus petites billes s'y adaptent exactement ; les autres, au contraire, n'y peuvent pénétrer. En agitant sa boîte, le filou peut amener une des petites billes dans la cavité formée par l'entaille. Lorsqu'il sent qu'elle y est logée — il faut ici du tact et de la légèreté de doigté — mais cela est assez aisé à constater, parce qu'alors la trappe n'a plus de jeu, — le teneur pèse légèrement sur la trappe, et la bille se trouve serrée de façon à ne plus bouger. Il peut ensuite agiter la boîte à son plaisir. C'est naturellement la bille pincée dans l'entaille qui sortira quand la trappe sera levée.

J'écoutais avec stupéfaction.

— Mais alors, demandai-je, les deux lecteurs du *Constitutionnel* qui gagnaient, c'étaient...

— C'étaient des *comtes*, poursuivit Pan-Pan d'un air réjoui, *aliàs*, des complices. J'ai lu dans un dictionnaire d'argot que ce sobriquet venait sans doute de la belle tenue de ces messieurs, dont l'élégance est propre à tromper les joueurs de bonne foi ; mais j'estime que c'est là une erreur d'étymologie. « Comte » vient sans doute de « *Comes* », compagnon, c'est la même étymologie pour les chevaliers de la Ratière et pour les chevaliers de Malte...

## VI

## LES LOTTEURS

Toutes les fois qu'un champ de foire se peuple de baraques je vais lui rendre visite. Ce n'est pas goût du tapage, ni pour le médiocre plaisir de revenir dans une voiture découverte, à la fraîche, le gilet déboutonné, en jouant du mirliton. Je suis la victime d'une idée fixe. Je voudrais gagner le lapin vivant, le blanc, celui qui a une clochette au cou et qui mange de la salade dans une cage à écureuil.

Ce lapin-là, il y a vingt ans que je le guette et que je le suis de foire en foire. Mes traits lui sont familiers. Il a une façon particulière de cligner de l'œil quand il m'aperçoit, avec un air de raillerie qui signifie évidemment :

— Eh bien, est-ce pour cette fois ? Vas-tu enfin me gagner ?

Cette année-ci mon lapin blanc était à Neuilly

l'attrait d'un jeu de *boule orientale*. Je pouvais espérer l'acquérir pour dix centimes, deux sous; ce n'est pas cher au prix où sont les gibelottes. J'avoue que j'étais venu avec l'angoisse de trouver l'objet de mes désirs en possession de quelque directeur de tir, de ces gens qui exigent de leur clientèle le renouvellement des prouesses de Guillaume Tell et du docteur Carver. Mais les faciles hasards de la boule orientale sont pour ne décourager personne, et je m'approchai du « teneur » avec une certaine confiance.

Vous connaissez ce jeu renouvelé des Turcs. Deux montants de bois tournés supportent une baguette transversale, ce qui donne à l'appareil l'aspect d'un portique de gymnastique. Du centre de cette traverse descend comme un fil à plomb une boule de métal au bout d'une corde. Il faut saisir cette boule dans sa main, puis la lancer contre deux quilles placées sur la table à cinquante centimètres l'une de l'autre. La règle du jeu est d'abattre en allant la quille la plus éloignée, laquelle est établie un peu à droite du fil à plomb, et en revenant la quille la plus rapprochée qui s'écarte légèrement sur la gauche. La place des deux quilles est d'ailleurs une fois pour toutes marquée sur le billard par des pains à cacheter.

Le teneur abattait les deux quilles à tout coup avec une aisance admirable. Une galerie de gamins le considérait les yeux écarquillés.

Je lui demande la partie. Je joue un coup, deux coups, dix coups! sans résultat! J'abattais très facilement la première quille, mais, dans le mouvement du retour, la boule s'en allait régulièrement sur la gauche — et ne heurtait rien.

— Au onzième! glapissait le marchand de cette voix blanche qui ne laisse percer ni la satisfaction ni l'ironie.

J'en avais assez. Je donnai ma pièce blanche et je tournai le dos. Au moment où je m'éloignais, je sentis qu'on me saisissait par le bras. En même temps une voix murmurait près de mon oreille :

— Comment, c'est vous qui vous y laissez prendre?

Je levai les yeux.

— Alfred! m'écriai-je joyeusement.

Je vous ai déjà avoué que j'avais des connaissances un peu louches; cet Alfred est au nombre des plus pittoresques. Je ne vous décrirai pas son extérieur, vous n'auriez qu'à le reconnaître dans la rue; cela me ferait déchoir dans votre estime. Tout souriants que soient ses souliers, Alfred n'en est pas moins un homme de génie. Si le jeu ne l'avait pas corrompu jusqu'aux moelles, ce mathématicien surprenant serait aujourd'hui sur les bancs de l'Institut — au lieu d'en être réduit à « celui de la société ». Il se venge par une multitude d'inventions diaboliques du mépris dont il est l'objet.

Cet homme étrange, que j'ai rencontré pour la première fois, il y a une dizaine d'années sur le carreau des foires, connaît ma monomanie du lapin blanc. Ce vice avoué m'a mérité son indulgence et ses sympathies. Il fait tout son possible pour me guérir.

— Ne vous souvenez-vous pas, me dit donc Alfred, quand nous fûmes un peu à l'écart, que je vous ai défendu de jouer sur les champs de foire ?

— Mon Dieu, mon ami...

— Encore si on n'avait que le hasard contre soi ! mais puisque je vous ai averti que tous les jeux sont harnaqués. Un teneur qui jouerait à la *flan* serait nettoyé dans la journée.

— Qu'entendez-vous par « la flan », mon cher Alfred ?

— J'entends jouer sans tricherie, à la bonne franquette.

— Mais vous admettrez bien qu'il y a dans le tas d'honnêtes gens...

— *Rari nantes*... interrompit le bohème; il a — c'est sa seule affectation — la manie de citer du latin. Je vois, continua-t-il, qu'il faut que vous fassiez à mon bras le tour des jeux forains, afin de vous désabuser. Commençons, s'il vous plaît, par votre « boule orientale ».

Nous nous rapprochâmes. Un monsieur m'avait remplacé, qui s'efforçait, sans plus de succès que moi de gagner le lapin blanc.

— Remarquez, me dit Alfred tout près de l'oreille comment est installé l'appareil. Les deux montants sont fichés à leur base dans des rondelles en caoutchouc noirci, et non point en fer, comme vous le pourriez bonnement imaginer. Regardez maintenant de quelle façon le teneur opère. Il vient de remettre la boule dans les mains du joueur. Il se penche pour lui indiquer la manière de réussir; c'est un homme bien complaisant ! Voyez-vous où porte son épaule ?

— Elle est appuyée au montant droit du portique.

— Oui, dans un geste naturel. Et que fait l'ensemble de l'appareil ?

— Il s'infléchit tout entier vers la droite, m'écriai-je subitement illuminé, je comprends !

— Alors ?

— Toutes les fois que le client joue, le teneur déplace ainsi le point de suspension. L'appareil est faussé, et fatalement la boule passe à côté de la quille.

— Jouerez-vous encore la partie orientale ?

— Parbleu oui ! à présent que je connais le truc !

— Et bien, vous vous ferez voler quand même. Les teneurs sont pleins de ressources. Les *flicks*, qui sont malins et qui les observent par métier, ne voient *que dig* à la belle moitié de leurs tours. Ah ! bon ! vous ne comprenez pas ? Les *flicks* ce sont les « agents » et voir *que dig* signifie « ne rien voir ». Mais ne lâchons pas, si vous le voulez bien, les teneurs de boules orientales. Voilà, ici près un concurrent de votre dupeur. Le portique de celui-là est de cuivre authentique et, cette fois, bien vissé dans la table. Regardez attentivement. Est-ce que le teneur touche à l'appareil ? Non, il a les mains dans les poches. Cependant, le client ne gagne jamais. Où donc est la tare ?

J'ouvrais les yeux très grands, je n'apercevais rien de suspect. Alfred sourit d'un air de supériorité et continua :

— Cette fois, ce sont les quilles que l'on a faussées Jetez un coup d'œil dessous, quand elles roulent sur le tapis. Vous voyez, leur base est évidée. Le cercle de cette base est infiniment plus large que la tête de clou, qui, ici, a remplacé sur le billard le pain à cacheter de tout à l'heure. Cela sert de repère pour dresser les quilles. Remarquez seulement ceci : quand le teneur va jouer pour lui, il a soin de poser ses quilles juste au-dessus de la tête de clou, et alors, presque fatalement, l'allée et le retour de la boule renversent les deux obstacles ; — quand c'est le client qui fait la partie on met un des points de la circonférence que forme la base de la quille en contact avec la tête de clou et la boule passe sereinement à côté. Accidentellement le teneur peut faire un *vanne* c'est-à-dire avoir contre soi le hasard qu'il a voulu corrompre, mais cela est infiniment rare. Le lapin blanc n'a pas fini son tour de France.

— Mais c'est d'une simplicité humiliante ! m'écriai-je, furieux de songer que l'on réussissait à me duper par d'aussi grossiers artifices.

— Patience, répondit Alfred, nous arriverons tout

9.

à l'heure aux raffinements. Pour l'instant, allons inspecter les « tournants parisiens ».

Et il me conduisit du côté des loteries, dont la roue tourne chargée de nonnettes, de faïences, d'objets de verre filé et de paquets de cigares.

Beaucoup de gens donnaient leurs deux sous et tournaient. Nous observâmes que ceux qui ne jouaient qu'un coup perdaient invariablement.

Les entêtés, ceux qui persévéraient, finissaient toujours par gagner à la seconde ou à la troisième reprise. Ils payaient six sous un pavé de pain d'épice qui valait bien juste dix centimes. Les marchands, très psychologues, savaient glapir à propos :

— C'est *gaigné !*

Et devancer ainsi les murmures défiants des spectateurs.

— Vous venez de constater vous-même, me dit mon méphistophélique initiateur, après un quart d'heure d'observation et de silence, que le marchand ne *paumait*, pardon, ne perdait jamais. Le hasard se décide toujours en sa faveur. Concluez sans hésitation, qu'il est son complice et tâchons de découvrir la fraude.

Il passa la main dans ses cheveux, m'emprunta du tabac pour bourrer sa pipe et reprit d'un ton doctoral :

— L'appareil que vous appelez un « tournant parisien » a d'autres noms plus significatifs dans l'argot banquiste. On le désigne sous les sobriquets de *moulin*, *malot* et *mal au ventre*. Le secret de la tare du tournant parisien gît dans ce dernier surnom si pittoresque. Mais d'abord un mot sur la construction de l'appareil. Le tournant est généralement établi par le teneur lui-même. C'est une table de 1 m. 50 de long sur 0,80 de large. Au centre de cette table se trouve un pivot autour duquel tourne une roue. Cette roue est mise en mouvement au moyen d'un système de quatre ailettes en croix, vissées au sommet du pivot. Un indicateur à baleine, placé à côté de la roue, marque le gagnant. Sur la table, drapée d'andrinople, s'étend un tapis de toile cirée, au coin duquel sont quatre carrés, deux rouges et deux bleus. Entre les couleurs de la roue il y a deux petits espaces ordinairement décorés de dessins et appelés *charlots*. La roue, divisée en six parties égales, reproduit cette disposition. Cela dit venez voir nos gens à l'œuvre.

Nous nous dirigeâmes vers un teneur de *mal au ventre* qu'un groupe de joueurs entourait.

— Allons, messieurs, criait-il faites vos mises ! La rouge ! La noire ! Qui veut la rouge ? Qui veut la noire ? Les charlots sont pour le banquier.

Des mains s'allongeaient tendant les deux sous qu'on plaçait sur les carrés du tapis. Quand la roue fut garnie, à l'exception bien entendu des deux charlots, le teneur mit la roue en mouvement. Il gardait avec affectation ses bras croisés, debout à quelques pieds de la table. Tous les joueurs l'entouraient. Un seul d'entre eux était négligemment appuyé à l'une des encoignures.

Alfred le désigna en me poussant du coude.

— Regardez celui-là ?

C'était un assez beau garçon, bien vêtu, bien coiffé. Il suivait la roue avec beaucoup d'indifférence.

— C'est un *comte*, me dit Alfred à demi-voix. Il a ponté sur la noire. Gageons que c'est la noire qui va s'inscrire à la baleine.

La roue commençait de se ralentir : le rouge passa à l'indicateur, puis le noir, puis le rerouge, et l'arrêt se fit sur la case des figures.

— Le charlot ! cria le teneur en battant des mains. C'est le charlot qui sort ! Toute la mise au marchand.

— Eh bien ! fis-je en me tournant vers Alfred. Qu'est-ce que vous en dites, vieux diable ?

— Ils sont encore plus canailles que je ne l'imaginais ! répondit-il.

Et il m'entraîna à l'écart.

— La table qui porte le malot, expliqua-t-il quand nous fûmes à distance des écouteurs, est truquée comme un plancher de théâtre. Si vous la retourniez, vous verriez seulement deux tringles bien honnêtes qui ont l'air de relier les planches entre elles. Mais c'est aux boulons qui joignent ces planches qu'il faut regarder de près. Les trous où ils entrent, au lieu d'être circulaires, sont allongés, de façon à laisser du jeu aux tringles. Comme les têtes des ces tringles aboutissent au bord même de la table, un compère, qui connaît leur place sous le tapis d'Andrinople, n'a qu'à poser négligemment la main à cet endroit-là. Quand la roue commence de se ralentir, la plus légère pression sur la tringle se reproduit sur le pivot de la roue et l'appareil s'arrête en face de la couleur choisie. D'ordinaire, les comtes se contentent d'arrêter le malot sur leur couleur. Le coup de l'arrêt sur le charlot, qui permet au marchand de ramasser toute la mise, ne peut se reproduire que de loin en loin, quand on a renouvelé tout son public, Nous sommes tombés à propos.

— Voilà qui va bien, répondis-je, mais il me semble que la figuration des comtes est un luxe dispendieux. Comment s'y prennent les teneurs pauvres, ceux qui n'ont pas le moyen de partager leurs faibles gains avec un complice?

Alfred sourit.

— Ils ont trouvé un moyen de « travailler » seuls. C'est une invention récente. La police ne l'a découverte que depuis peu. Dans ce système simplifié, c'est le marchand qui arrête lui-même. Plus de tringles apparentes et compromettantes, mais une petite coulisse, grosse comme un crayon, logée dans l'épaisseur même de la table. Cette coulisse, qui, naturellement, appuie par l'un de ses bouts sur le pivot du moulin, n'affleure pas par l'autre extrémité au bord de la table. Si vous vous penchez pour examiner cette table, vous ne distinguez rien de suspect dans la bordure. C'est du bois pourri, plein de trous de vers. Mais voici la malice : Une épingle enfoncée dans un de ces faux trous de vermoulure atteint la perfide coulisse et fait frein sur le pivot du moulin. Vous devinez le reste.

J'écoutais parler Asmodée sans dissimuler mon étonnement. Lui, fier de son effet s'excitait à mesure.

— Tout cela, dit-il d'un air méprisant, ce sont de basses habiletés, des finasseries de menuisier. Vous allez voir ce qu'un mathématicien peut faire quand la société l'a poussé à bout et qu'il se venge. Veuillez me suivre jusqu'à l'autre extrémité du champ de foire. Comme mon jeu a naturellement été « bridé » par la rousse, j'ai dû l'installer dans une « fosse mystérieuse ».

Nous entrâmes dans une baraque où l'on montrait un phénomène quelconque dans un bocal d'esprit-de-vin. Mais il y avait une arrière-boutique. C'était là que l'on jouait sournoisement à la « *cheminée* » ou « *partie nationale* ».

L'appareil avait la forme d'un billard en plan incliné, à la base duquel six cases étaient ainsi numérotées de gauche à droite 1, 6, 2, 5, 3, 4.

Le joueur enferma huit billes dans un gobelet, et par une petite cheminée à laquelle l'appareil doit son nom, il les répandit sur le billard.

Trois des billes allèrent se loger dans la case numéro 4, une dans le numéro 2, deux dans le numéro 5, deux dans le numéro 1.

Le teneur additionna rapidement le total :

— Trois fois quatre douze, et deux quatorze, et dix

vingt-quatre, et deux vingt-six ! Reportez-vous au tableau, messieurs, vingt-six ! Que dit vingt-six ? A recommencer ! C'est perdu !

— Examinez un peu ce tableau, commanda Alfred en se frottant les mains.

Je lus :

| | | | | | |
|---|---|---|---|---|---|
| 8 | gagne | 100 fr. | 29 | perd | |
| 9 | — | 50 | 30 | — | |
| 10 | — | 40 | 31 | — | |
| 11 | — | 20 | 32 | — | |
| 12 | — | 15 | 33 | — | |
| 13 | — | 15 | 34 | gagne | 2 fr. |
| 14 | — | 15 | 35 | — | 2 |
| 15 | — | 10 | 36 | — | 2 |
| 16 | — | 10 | 37 | — | 2 |
| 17 | — | 10 | 38 | — | 5 |
| 18 | — | 5 | 39 | — | 5 |
| 19 | — | 2 | 40 | — | 10 |
| 20 | — | 2 | 41 | — | 10 |
| 21 | — | 2 | 42 | — | 10 |
| 22 | perd | | 43 | — | 15 |
| 23 | — | | 44 | — | 15 |
| 24 | — | | 45 | — | 20 |
| 25 | — | | 46 | — | 40 |
| 26 | — | | 47 | — | 50 |
| 27 | — | | 48 | — | 100 |
| 28 | — | | | | |

— A première vue, dit le mathématicien, le joueur croit avoir des avantages sur le banquier parce que mon tableau annonce *douze numéros perdants et vingt-neuf numéros gagnants,* mais il n'est pas difficile de démontrer que les numéros perdants ont bien plus de chance de sortir que les autres. Jamais vous n'atteignez les totaux 8, 9, 10, 11, 12, 13, 42, 43, 44, 45, 46, 47, 48. Pour amener le 8, ou le 48, par exemple, il faudrait que les huit billes se logeassent dans la case 1 ou dans la case 6 du billard. Sur dix coups joués, il y a sûrement neuf numéros moyens, c'est-à-dire ceux qui perdent. De temps en temps seulement apparaît un total qui fait gagner quarante sous aux joueurs, c'est une prime d'encouragement accordée à ceux qui ont dépensé une dizaine de francs et qui s'entêtent. D'ailleurs, le banquier ne se contente pas des avantages que je lui ai ménagés. Il triche tant qu'il peut. Si, par le plus grand des hasards, les billes amènent un numéro gagnant, dix ou vingt francs, le banquier embrouille son addition et annonce un numéro qui rapporte un lot de deux francs. Et il a toujours près de lui deux ou trois « comtes » pour vérifier et garantir son erreur volontaire...

Mon ami Alfred en était là de ses explications, quand une tête coiffée d'une casquette de soie apparut dans le soulèvement du rideau, en même temps une voix rauque lança ce cri que vous avez si souvent entendu pousser par les camelots sur le boulevard :

— Acré ! v'là le facteur !

— Pourquoi « le facteur » ? demandai-je à mon compagnon, tandis qu'à la vue du képi d'un gardien de la paix on avait enfermé dans une malle la « cheminée » et son tableau.

— Cherchez bien, répondit-il ; vous ne devinez pas ? le gardien, c'est l'homme des postes... de police. De même, le joli cœur qui faisait le guet et qui nous a prévenus, s'appelle dans le métier un *gaff*, du verbe *gaffer*, qui signifie regarder. Il faudra que vous vous familiarisiez avec ce vocabulaire si vous voulez jouir des conversations dont nous favoriserons les bonneteurs, quand nous irons les voir travailler derrière l'aqueduc d'Auteuil. Je vous ferai voir ce jour-là un appareil nouveau que je suis en train de construire ; je trouverai moyen de faire fortune avec celui-là avant qu'on le bride. C'est une invention qui me bâtira un hôtel où je recevrai les princes de la finance ; et les *flicks* seront obligés de faire circuler les voitures à ma porte les jours de réception !

Le képi du « facteur » avait disparu. La « cheminée », sortie de sa malle, recommençait d'engloutir l'argent des joueurs. Cela faisait à terre, sur le tapis, une petite flaque de pièces blanches.

— Étendre cela, murmura Alfred à voix basse, pour lui-même, l'étendre comme un lac !...

Et dans les yeux du bohème, des yeux trop clairs, où monte lentement la folie alcoolique, je vis le reflet inquiétant de cette nappe de métal où Alfred croyait déjà tremper ses pieds...

# VII

## DISPACHERS

Il n'y a pas plus d'une dizaine d'années que le « cambrioleur », *celui qui monte en l'air*, comme on dit dans l'argot des prisons, pratique le vol des titres dans les coffres-forts qu'il fracture. Jusqu'en 1880, quand le cambrioleur avait fait son butin d'or, de billets, de bijoux et d'argenterie, il ramassait ses outils et fuyait en toute hâte. Aux titres, aux obligations, aux valeurs en papier, il ne touchait point. Qu'en eût-il fait ? Il n'avait pas le moyen de les écouler, et quant à les garder en portefeuilles, autant porter sur soi le récit et l'aveu de son crime.

Ces mœurs ont bien changé depuis dix ans. Aujourd'hui le cambrioleur ne choisit plus. Il ne fait qu'un paquet de ce qu'il trouve dans les armoires et dans les cassettes. Tout lui est bon, jusqu'à une prime d'assurance, jusqu'à une quittance de loyer.

De même, autrefois, il ne risquait que de grands coups, il ne s'attaquait qu'aux caisses notoirement bourrées d'or. Aujourd'hui il sonde toute armoire en acajou plaqué où il a flairé des obligations. Il fait sauter les serrures de toutes les boutiques mal gardées. Et « le truc » dont il use pour éloigner le « magasinier » lui réussit toujours sans qu'il soit nécessaire qu'on le varie.

On fait la connaissance de ce pauvre diable chez le gargotier. Quand on l'a habilement interrogé sur l'importance de la maison qu'il garde, un soir on sort de sa poche un billet de théâtre et on le lui offre. L'autre hésite bien un instant. Si son patron allait venir faire une ronde justement ce soir-là. Mais le tentateur combat ces scrupules.

— D'ailleurs, vous serez rentré avant minuit. Votre boutique se gardera bien toute seule; pour un soir !

Le garde-magasin cède. Tandis qu'il applaudit la romance de Mignon, le cambrioleur fracture la caisse. Quand l'amateur de musique rentre au logis, la place est nette, le cambrioleur a disparu.

Et je vous jure qu'il ne perd pas de temps, l'homme « qui monte en l'air » pour se débarrasser de sa marchandise.

Sa première pensée est de courir chez un changeur et avant que les oppositions du volé aient paru à l'*Officiel*, il tâche d'emprunter la plus grosse somme possible sur les titres qu'il présente. Neuf fois sur dix, le changeur tombe dans le piège. L'affaire est excellente. Il y a de grandes maisons qui prêtent ouvertement 1,500 francs, à huit pour cent, sur un titre de 2,000 francs. Rien d'ailleurs n'avertit de se méfier. Le cambrioleur a eu bien soin de voler en même temps que les titres, quelque pièce qui le met à couvert. C'est souvent un contrat de mariage, surtout encore une carte d'électeur. La singulière facilité qu'ont les voleurs de substituer un nom à un autre sur des cartes manuscrites, entraîne tant d'abus que cette plaisanterie est courante parmi les agents de la Sûreté :

— Arrêtez-le ! Il y a une carte d'électeur dans sa poche.

Mais il arrive souvent que le cambrioleur n'a pas une redingote assez neuve pour s'aller présenter avec des titres en poche au bureau d'un changeur. Il craint qu'on ne l'examine avec défiance, qu'on ne retienne son signalement. Il aime mieux — quitte à sacrifier une partie de son gain — recourir à un intermédiaire.

Aussi bien sait-il le rencontrer, cet homme précieux. Allez un jour vous asseoir aux terrasses des cafés qui avoisinent l'Elysée-Montmartre. Vous coudoierez là une catégorie particulière de personnages interlopes que vous ne saurez trop, au premier coup d'œil, s'il faut classer souteneurs ou bookmakers. Dans le fait, ce sont des gens sans nationalité ni profession définies, condamnés dans tous les pays sous des noms différents. Presque tous sont domiciliés à Londres. Ils ont là une ou plusieurs femmes qui « travaillent » à leur profit, aux abords de l'Alhambra, du Strand et de Market. Ils viennent fréquemment à Paris en « remonte ». Ils ont toujours de l'or dans les mains et des billets dans leurs sacoches. Ils achètent à vil prix au cambrioleur, très pressé de se débarrasser du produit de son vol, les titres qu'il a entre les mains et qui parfois sont déjà frappés d'opposition. Puis, si l'opération en vaut la peine, ils laissent là leurs affaires et prennent le rapide pour Londres.

Ceci est une conséquence fâcheuse du libéralisme des mœurs anglaises : le délit de recel en matière de papiers volés n'existe pas de l'autre côté du détroit. La police anglaise a le droit de rechercher ses voleurs chez nous ; même nous lui prêtons main forte, mais si pareille mésaventure nous arrive, c'est en vain que nous requérons l'assistance du gouvernement anglais et de sa police. On nous répond simplement :

— C'est tant pis, la loi anglaise ne permet pas de demander à un individu qui présente des valeurs comment cet argent est venu entre ces mains : possession vaut titre.

De même, aux États-Unis. On me contait dernièrement qu'un diplomate, qui a longtemps représenté la France de l'autre côté de l'Océan, avait été volé à l'ambassade, quelques jours après son installation, de toute son argenterie de famille. Il y en avait pour une quinzaine de mille francs. Immédiatement, il porta plainte auprès du gouvernement américain, qui mit gracieusement des détectives à son service. Quinze jours plus tard, ces agents venaient annoncer qu'ils avaient découvert les voleurs :

— Eh bien, où est mon argenterie ?
— On vous la rendra pour 6,000 francs.

La réponse était plaisante, mais le volé s'en fâcha. Il s'adressa à son gouvernement; il fit de sa mésaventure une question diplomatique. Les Américains payèrent la carte.

Tout le monde ne peut pas recourir à ces grands moyens pour se faire rendre justice. Un particulier n'aurait eu d'autre recours que de payer les 6,000 francs et de se taire. C'est ainsi que cela se passe tous les jours.

Il y a à Londres des solicitors qui s'occupent gravement, correctement, avec de hautes cravates blanches sous leurs cols et une surprenante respectabilité, de ces transactions interlopes. Certains banquiers ne les repoussent point; des agents d'affaires spéciaux, ouvertement établis, s'en font des rentes. Un seul d'entre eux, un Français fort intelligent, plusieurs fois condamné par coutumace, a négocié ainsi pour plus de 600,000 fr. de titres volés en un seul mois.

Ce personnage est très susceptible et ce serait une erreur de croire qu'il suffit de le payer pour obtenir de lui une restitution de papiers. Il exige qu'on le traite avec des égards.

— J'étais disposé, disait-il dernièrement à un volé qui avait passé la Manche pour traiter avec lui, à vous demander seulement 25 p. 100 de vos titres. Mais vous n'avez pas agi loyalement avec moi. Pendant nos pourparlers vous vous êtes adressé à la police. Vous avez tâché de me faire de la misère (*sic*). Je ne vous lâcherai rien à moins à 30 p. 100.

C'est le même homme qui avait entre les mains les 500.000 francs de valeur qui furent dérobés à la gare de Lyon dans un fourgon du Paris-Lyon-Méditerranée. Un agent avait été envoyé à Londres, par la compagnie, pour représenter ses intérêts. Le recéleur sachant qu'on voulait à tout prix rentrer en possession des titres montrait des exigences terribles.

— Cinquante du cent ! cria-t-il, il me faut cinquante du cent, pas un sou moins. J'en ai assez de la sensibilité en affaires !

Et, comme l'agent discutait avec lui pied à pied, il continua :

— Voyons, monsieur, vous n'êtes pas raisonnable. Il faut pourtant se rendre compte des choses. *Votre vol m'a coûté très cher !* J'ai entretenu pendant deux mois, à Paris, quatre agents *qui ont étudié votre affaire.* Tout cela c'est de grands frais !

Que dites-vous de ces raisonnements de Robert Macaire ?

Voici qui est plus fort encore :

Ces jours derniers, sur un simple avis de la préfecture de police, qu'une bonne femme qui avait été volée de vingt mille francs était réduite, par ce larcin, au dénuement le plus complet, le recéleur londonien a retourné tous les titres au propriétaire avec une lettre ou il disait :

« Et je ne retiens rien de l'argent que j'ai eu entre les mains, pas le dix du cent, pas le cinq, pas le demi, pas même le prix de la lettre chargée par laquelle je renvoie ces valeurs. »

Cartouche continue de donner la main aux dames pour les aider à descendre de diligence. Il se réserve de leur restituer leurs bijoux quand cela lui plait.

Aujourd'hui, la Sûreté ne va plus à Londres. Elle répond aux volés qui lui apportent leurs doléances.

— Ne faites pas de frais inutiles. Si vous n'avez pas la patience d'attendre les cinq années au bout desquelles la loi rétablira vos titres, traitez de gré à gré.

— Mais comment nous mettre en rapport avec nos voleurs ?

— A Paris même. Il y a des intermédiaires. Nous vous donnerons des adresses.

Je connais, pour ma part, un de ces personnages mystérieux et je tiens son adresse — sans commission — à la disposition de qui me la demandera. Je fus mis sur sa piste par une une lettre à en-tête imprimé que le hasard avait amenée entre mes mains. On y lisait :

M. X...
DISPACHER
Recherches de titres volés

Et, au-dessous, l'adresse précise, dans une des rues très fréquentées du cœur de Paris.

Je me présentai plusieurs fois chez le « dispacher » sans parvenir à le rencontrer. Il était toujours à la campagne, en famille. La concierge, très aimable, aurait bien voulu savoir pourquoi je venais. Elle m'interrogea habilement. Elle en fut pour ses frais. Je me présentais de la part d'un mien ami, un médecin, qui, l'année dernière, a été volé de tout ce qu'il possédait. Je voulais tâter le « dispacher » sur les chances qu'il y avait de retrouver ces valeurs et, je me promettais bien, sans me faire connaître, d'étudier un peu le fonctionnement de son industrie.

En désespoir de cause, je m'adressai à la Sûreté, qui m'a répondu :

— Nous connaissons fort bien la personne dont vous nous parlez. C'est un honnête homme. Le parquet s'est souvent servi de lui pour retrouver des titres sur qui l'on ne pouvait remettre la main, toujours avec succès. M. X... était autrefois employé d'une grande maison qui fut dévalisée par des cambrioleurs. Le vol était considérable ; on chargea

M. X... d'aller à Londres en négocier le rachat. M. X... réussit si heureusement dans cette mission que la pensée lui vint d'utiliser les belles relations qu'il venait de se faire. Il ouvrit un cabinet de « recherches ». Quand un volé vient se plaindre et lui apporte le numéro des titres soustraits, il écrit à ses « correspondants ». Quelques jours après, il a reçu une réponse. Il vous appelle à son cabinet et vous dit : « Monsieur, vos titres sont entre les mains de telle personne qui demande telle commission pour vous les rendre. » Si l'on arrive à se mettre d'accord sur les tant pour cent et sur les formes de la négociation les « correspondants » envoient les fonds et tout le monde est content.

Il faut bien croire, puisque la Sûreté l'affirme, que M. X... est fort honnête homme. Mais c'est égal : avouez qu'il y a dans ce Paris des professions très étranges !

Cambrioleurs, bookmakers, souteneurs, dispachers, toute cette phalange se tient la main, se fait la courte échelle à l'assaut de nos coffres-forts. Un vilain monde, comme disait ce bon M. Macé qui savait de quoi il parlait. Il faut pourtant que je vous fasse coudoyer encore un peu ces interlopes et qu'après vous avoir appris comment on fait voyager les titres je vous dise comment on les falsifie.

# VIII

## LES FAUSSAIRES

Nous venons de voir que des gentlemen très bien renseignés se faisaient un plaisir d'indiquer aux personnes à qui l'on a dérobé des titres l'adresse de leur voleur.

Mais comme la loi a laissé aux gens qui ont de la patience la faculté d'attendre cinq années la recréation de leurs titres, il arrivait que les obligations volées encombraient inutilement le portefeuille des « dispachers » londoniens. Quand je dis inutilement le terme n'est pas tout à fait exact. Du papier timbré avec des estampilles de banque et des signatures de banquiers, cela peut toujours trouver son emploi. Cela sert à simuler des actifs, à bourrer des cartons que l'on ouvre sous les yeux des gogos. Cela se vend à la livre beaucoup plus cher que les chiffons.

Mais c'était là un pis aller dont on ne pouvait se

contenter longtemps. Un jour ou l'autre les voleurs devaient découvrir le moyen de se débarrasser de leur vol par l'artifice des falsifications.

Il n'était pas si aisé qu'on pourrait croire d'y réussir.

Les maisons de banque ont prévu le péril. Elles prennent dans la fabrication de leurs titres des précautions qui rendent les contrefaçons impossibles. Aussi bien cet art est-il demeuré chez nous en enfance jusqu'au jour où il a été transformé par un homme qui avait le génie du « faux », le fameux Buquet.

Ce personnage, désormais célèbre, va sur ses quarante-six ans. Il a bonne mine derrière son binocle, qui lui sert moins à prolonger sa vue qu'à atténuer la vivacité de son regard. La promptitude et la netteté de sa parole sont tout à fait surprenantes.

Voilà dix ans que Buquet a été mêlé à tous les procès de faux titres. Il a passé quatorze fois devant le tribunal. Il est toujours sorti des assises la tête haute. Il disait l'autre jour :

— J'en suis à mon quinzième juge d'instruction. Je roulerai celui-là comme les autres.

Buquet est issu d'une bonne famille bourgeoise. Il a fait des études sérieuses. Il est ingénieur. Il s'est beaucoup occupé de chimie industrielle. Les connaissances qu'il a acquises autrefois lui ont été d'un secours précieux dans ses falsifications. Il a longtemps habité Montmartre, où il était en relation avec les pires gens. Il parle l'argot comme un souteneur de la Vilette. Il vivait dans l'intimité de la « pègre » du boulevard extérieur, qu'il rencontrait dans un café aux abords de l'Elysée-Montmartre. C'était là qu'il achetait aux cambrioleurs le produit de leurs vols.

La falsification ingénieuse dont Buquet a été l'inventeur reposait sur la transformation des zéros.

Je suppose que l'on vous ai volé l'obligation 1,001. Immédiatement vous signalez le numéro à la police, et l'opposition parait dans les journaux d'annonces légales. La valeur n'est plus négociable.

Comment faire pour la remettre en circulation sans que personne s'en doute ?

Voilà le problème que Buquet s'est longuement posé, le front dans les mains, en tête à tête avec les titres qu'il achetait, presque au poids du papier, à ses amis les « monteurs en l'air ».

Le résultat de ces observations, à grand renfort de bésicles et de loupes fut que la plus simple de toutes ces falsifications était de transformer des zéros en « six » ou en « neuf ». Une petite virgule, habilement placée, faisait par exemple, de l'obligation 1,001, l'obligation

1,061,
Ou 1,091,
Ou 1,901,
Ou 1,601.

De même, on pouvait supprimer la virgule aussi

aisément qu'on l'ajoutait et convertir les « six » et les « neuf » en zéros.

Lorsque les complices de Buquet, Belso, Pellegrini ou Helfer négociaient ces titres ainsi surchargés, on les achetait sans défiance. La supercherie n'apparaissait que le jour où l'on trouvait deux coupons portant le même numéro au guichet d'émission. S'il arrivait alors que l'on comparât les deux titres, on demeurait stupéfait. La correction de Buquet était si habile que l'on distinguait mal le « faux » d'avec l'original. Une grande banque de Paris, dont je pourrais vous citer le nom, n'a pas osé affirmer sa certitude.

La facilité avec laquelle des faussaires comme Buquet décolorent à leur gré et renforcent les encres, devait exciter les esprits inventifs à la recherche d'un procédé qui défiât cette contrefaçon.

L'autre jour, un Américain est venu proposer à la Sûreté un moyen de son invention qui, à première vue, semble offrir des garanties sérieuses. Il s'agissait de découper à l'emporte-pièce, dans l'épaisseur du papier, le numéro du titre; puis on l'encadrait entre deux étoiles également forées dans le papier pour empêcher les additions de chiffres. Malheureusement pour cet inventeur, on a pu lui mettre sous les yeux une falsification opérée sur un titre numéroté de la sorte. Le voleur avait trouvé moyen d'aveugler une des étoiles avec de la pâte. Il avait découpé un chiffre nouveau dans cette reprise, et reculé d'un rang l'étoile protectrice.

Quant aux imitations de signatures, paraphes, écritures, etc., Buquet y était passé maître. Il écrivait facilement de cinq ou six façons différentes, et dans des caractères tout à fait distincts. Si vous voulez voir un échantillon de son écriture impersonnelle, celle qui imite la calligraphie des billets de faire part, allez vous promener vers le passage des Panoramas, vous trouverez là, sous un verre, un tableau calligraphique qui est de la main de Buquet.

Ceci n'est pas la moindre des habiletés de cet aigrefin : il n'agissait jamais en personne ; il restait toujours embusqué derrière ses complices, qu'il faisait mouvoir comme des pantins.

C'est ainsi que Buquet se servait d'un certain Duval pour exploiter les campagnes. Il avait créé pour lui un emploi inconnu jusqu'à ce jour, celui du colporteur marchand de titres.

Il arrivait, en effet, que parmi les titres qui tombaient entre les mains de l'ingénieur, quelques-uns étaient imprimés, rédigés, numérotés de telle sorte que la falsification en devenait presque impossible. S'en défaire à Paris, dans les villes de province ou même à l'étranger, on n'y pouvait songer. Les oppositions promptement mises, faciles à contrôler en rendaient la négociation impraticable. Buquet s'était longtemps demandé ce qu'il en pourrait faire. Il ne se consolait pas de les garder en portefeuille, n'étant point de tempérament à collectionner des valeurs de « père de famille ».

Un jour il trouva le joint. Il les ferait vendre à la petite semaine, dans des fermes isolées, par un complice ingénieux.

C'est alors qu'il acheta à son ami Duval un fouet, une paire de chevaux, et une « caravane » de colporteur.

Il y a certainement sur les grandes routes d'honnêtes gens que leur humeur vagabonde empêche de se fixer, qui mourraient de chagrin derrière un comptoir stable et qui préfèrent rouler leur boutique sur les grandes routes. Mais la multiplication des chemins de fer locaux, les communications devenues tous les jours plus faciles, ont porté un coup droit à l'industrie du colporteur. Il faut aujourd'hui, pour gagner sa vie, qu'il ait acheté à vil prix les marchandises qu'il vend. Il arrive fréquemment qu'il s'en est pourvu chez des recéleurs.

D'autre part, le colporteur cache dans son sac un certain nombre de tours dont le paysan a été vingt fois la victime. Un des plus fréquents est connu, dans l'argot du métier, sous le nom de « coup de la balle ». Je vous l'indique en passant ; il est typique.

A la fin du jour, le campagnard voit arriver à sa barrière un homme qui traine derrière lui un cheval lourdement chargé. L'homme demande à manger pour soi et pour sa bête ; il paye son écurie et son écuelle. Puis au moment de partir, comme s'il se ravisait :

— Ne pourriez-vous, demande-t-il à son hôte, me garder jusqu'à demain ce ballot de toile ? Mon cheval est trop las pour le porter jusqu'à la ville ; je le reprendrai en passant.

Le paysan ne refuse pas. Tout de même donne-t-il par écrit le reçu qu'on lui demande. Il n'est pas choqué de cette défiance du colporteur : la méfiance est sa propre règle de conduite. Et d'ailleurs il est tenté par l'occasion de gagner quelques sous, au retour du voyageur.

Le colporteur revient en effet, mais non pas pour reprendre la balle. Il en exige le prix. Il soutient que le campagnard en a fait l'emplette. Naturellement, le bonhomme se regimbe. On va devant les autorités. Là le colporteur exhibe son reçu.

— Reconnaissez-vous votre signature ? demande le magistrat.

Il n'y a pas moyen de nier. Le paysan baisse la tête.

Il faut qu'il s'exécute.

Ces tours de passe-passe ont fini par discréditer tout à fait le batteur de routes qui pousse une bête de somme devant ses bottes ou, plus pauvre encore, porte toute sa fortune sur son dos. Mais comment se défier du marchand cossu qui arrête devant votre porte une lourde voiture, traînée par deux percherons solides, et qui, lorsqu'il ouvre les volets de son fourgon, exhibe aux yeux un empilement de marchandises qui fait loucher d'envie les merciers du bourg ?

Le succès de Duval fut d'autant plus rapide que l'homme avait la langue bien pendue, que son verbe claquait haut comme son fouet, et qu'il offrait aux paysans, sous le manteau, la marchandise qui leur est la plus chère de toutes : le titre de propriété.

Quand il avait fini le déballage de sa mercerie, déployé les pièces d'étoffe, étalé les confections, vendu à la fermière et à ses filles des rubans pour leurs bonnets, le compagnon tirait le paysan par la manche, l'emmenait à l'écart, lui disait mystérieusement dans l'oreille.

— J'ai autre chose pour vous.

Et il ouvrait son coffre. Il faisait voir les obligations, les titres.

— Vous comprenez, disait-il, que c'est dangereux pour moi de traîner cette marchandise sur les routes. Je ne veux pas qu'on me coupe la gorge sur mon siège, un soir, dans les bois. Je suis décidé à me défaire de mes valeurs. Voulez-vous m'en acheter?

Et comme le paysan ne disait ni oui ni non, surpris de voir un colporteur vendre pareille denrée, Duval continuait :

— Oh ! vous savez, je suis un homme accommodant. Je ne vous demande pas d'argent tout de suite. La première échéance de coupons tombe dans six mois. Je vous donne un an pour vous acquitter tout à fait. Je passerai tous les mois pour toucher mes acomptes.

On finissait la soirée au cabaret. Le paysan se

laissait prendre. Il fouillait dans son bas. Il donnait son bel or en échange du titre. Bien entendu il ne prenait pas la précaution d'aller montrer son obligation à un changeur, car Duval avait du flair : il choisissait ses victimes dans la classe des naïfs. Pendant cinq mois, il venait toucher sa prime avec beaucoup d'exactitude. Il s'arrêtait un peu partout, ayant des clients épars dans un rayon d'une vingtaine de lieues. Le sixième mois, date d'échéance du premier coupon, certain que les paysans iraient toucher la prime à la ville, et que là, ils seraient avertis de la supercherie, le faux colporteur disparaissait subitement du pays. Il allait un peu plus loin avec un autre nom et de nouveaux papiers, recommencer ce qu'il appelait ses « tournées pastorales ».

La morale de cette histoire qui malheureusement ne sera point lue par tous ceux pour qui elle a été écrite, c'est qu'il faut se défier des vendeurs de titres à tempérament qu'on rencontre sur les grandes routes — qu'ils aillent à pied, à cheval ou en voiture.

## VII

## OU ILS COUCHENT

L'été dernier, du côté du boulevard de la Gare, rue Jeanne-Darc, la Société philanthropique a convié ses membres et la presse à une de ses belles fêtes de la charité qu'elle nous donne de temps à autre, et dont on sort avec la certitude que cette grande ville de Paris abrite décidément dans ses murailles bien plus de justes que les sept requis, pour que le feu du ciel demeure éternellement suspendu.

Cette fois, on posait la première pierre d'une maison d'habitation pour les ouvriers pauvres, et M. Georges Picot a pris la parole afin d'expliquer aux témoins de cette cérémonie l'origine et le but de la nouvelle fondation. Les beaux travaux philanthropiques de M. Georges Picot, les brochures qu'il a publiées sur ces matières spéciales (les *Logements d'ouvriers*, 1885, chez Calmann Lévy) le désignaient au choix de ses amis. J'ai écouté M. Picot avec d'autant plus de plaisir que j'ai eu de nombreuses occasions, dans mes courses à travers les Paris bizarres, de constater le mal qu'il signale.

Il y a quelques mois, la Société philanthropique recevait un don anonyme de 600,000 fr. sous l'unique condition d'employer cette grosse somme dans une œuvre « en faveur des ouvriers ». Il ne s'agissait pas cette fois de créer un hôpital, ni un nouveau dispensaire, ni une nouvelle maison d'hospitalité. La Société philanthropique estima qu'elle agirait avec plus de sagesse en élevant pour les ouvriers de Paris des maisons d'habitations de loyer médiocre et d'installation salubre.

Nous possédons tant de commissions d'hygiène et l'on prononce si souvent dans les assemblées les mots de salubrité publique que bien des gens se demandent peut-être quelle est, en pareille matière, l'utilité de l'intervention privée.

Ces sceptiques n'auraient pas beaucoup de chemin à parcourir pour se convaincre de leurs yeux que toute réforme est encore à appliquer. Je m'adresse ici aux habitants des quartiers riches, aux propriétaires des hôtels du boulevard Malesherbes et de la plaine Monceau. Qu'ils aient donc la curiosité, un jour, en montant dans leur victoria, au lieu de crier à leur cocher :

— Au Bois !

De lui dire :

— Descendez jusqu'à la barrière et tournez à droite, sur la route de la Révolte.

C'est l'affaire d'un trajet de dix minutes. Au bout, ils trouveront, de l'autre côté de la grille d'octroi, un Paris qu'ils ignorent, un Paris fauve, hirsute, effrayant à voir.

Je l'ai visité en détail, il y a quatre ans, lorsque l'installation des boîtes à ordure causa tant de rumeur dans le monde des chiffonniers. J'avais rencontré sur le trottoir, devant un cabaret, un homme encore chargé de son *mannequin*, lisez de sa hotte, qui rentrait de tournée; et je lui avais demandé de me servir de guide. Il me promena successivement dans trois cités presque voisines, dont l'une, entre autres, que ses habitants, dans un accès de gaieté sinistre, ont baptisé le *passage du Soleil*, m'a laissé un affreux souvenir.

Figurez-vous une avenue bordée de deux rangées de cabanes, hautes bien juste de deux mètres, avec des toits en pente, sans gouttière pour l'écoulement des eaux, comme on en voit sur les cabanes à porcs. Poussez la porte, il n'y a pas de carreau par terre, c'est le sol humide. Les chiffons sont entassés dans un coin, les os accumulés dans un autre, triés d'avec la ferraille et les vieux papiers. Bien rarement le locataire a un bois de lit. Il couche sur des tas de chiffons, à côté de sa trouvaille d'ordures. Marié ou non, il a toujours une compagne et des enfants. J'en ai compté jusqu'à neuf dans une cabane qui n'avait pas quatre mètres carrés de superficie. Pourtant le loyer de ces habitations est exorbitant. Trois à quatre francs la semaine, de cent cinquante à deux cents francs par an. Et les propriétaires de ces cités sont intraitables pour les mauvais payeurs. Ils ne perdent pas leur temps à requérir l'assistance de la police, afin d'expulser les récalcitrants. Ils décrochent la porte et la fenêtre, et les enlèvent. La famille, exposée au plein vent, finit par s'en aller d'elle-même.

Et souvent, dans ces déménagements, les malheureux trop chargés de famille se donnent le mot, comme les parents du petit Poucet, pour abandonner quelques-uns de leurs enfants. La cité les recueille ainsi que des chiens errants. Elle appelle ces orphelins des *nègres*. Chaque ruelle a les siens. Ils appartiennent au premier venu qui veut les exploiter.

La vieillesse n'est d'ailleurs pas moins à plaindre que l'enfance dans ces enfers. Toute la route de la Révolte connaît un vieux chiffonnier de quatre-vingt-deux ans, le père Métessier, qui porte encore avec fierté la plaque de cuivre qu'on lui a donnée sous le second empire, alors que la profession n'était pas libre. Quand on me conduisit chez ce vieux, je le trouvai occupé à panser son pied, qu'un rat avait mordu pendant la nuit. Il me conta qu'il n'avait pas fait de feu depuis sept ans dans sa cabane et que, depuis un an seulement, le bureau de bienfaisance lui donnait chaque semaine un pain de trois livres.

Il montrait avec orgueil un certificat du commissariat de police, autrefois délivré, un jour qu'il avait rapporté au bureau une pièce d'argenterie. Il me dit, comme je le quittais, cette phrase sans doute proverbiale dans le petit peuple, mais singulièrement éloquente par sa mélancolique résignation :

— Toute ma vie, monsieur, j'ai gagné pas assez pour vivre et trop pour mourir.

On peut dire que les soixante mille chiffonniers qui font à Paris une ceinture de poux et d'ordures sont condamnés par la saleté de leur commerce à l'incurable malpropreté des logements; mais il y a nombre d'ouvriers d'atelier et de bâtiment, authentiquement mariés ceux-là qui ne sont pas beaucoup plus mal logés.

Allez voir, pour vous en convaincre, le « clos Macquart », la « cité Doré », la « cité Jeanne-Darc »; cette dernière, une cité type, est composée de huit immeubles divisés en douze cents logements, qui abritent une population de deux mille personnes. Les sombres escaliers de ces bâtisses sont, le soir, plus mal éclairés et d'un passage plus dangereux qu'aucune partie de la voie publique. On y vole, on y assomme et l'on y viole au jour le jour. Pour consentir à loger là, il faut qu'un père de famille soit réduit au dernier dénuement. L'immoralité de ces agglomérations est telle que les mères s'excusent spontanément d'être venues habiter ces demeures.

Or, elles ne sont pas toujours libres d'éviter cet

écueil. Vous avez souvent lu sur vos engagements de location, la défense écrite d'emménager avec des chiens et des perroquets; eh bien, il y a nombre de maisons ouvrières où les propriétaires ne tolèrent pas les enfants. C'est le cas dans toutes les maisons de bonne apparence que vous trouverez du côté de Montmartre et de la Chapelle. Pour y être admis au jour du terme, les parents n'avouent qu'un ou deux enfants; les autres sont prêtés à quelque voisin complaisant; les jours s'écoulent, on en ramène un en cachette, puis deux, puis toute la famille. Dès que le principal locataire, faisant fonction de concierge, constate qu'il y a quatre enfants dans le logement, il donne congé.

Cette institution du portier-sous-loueur est une cause de tribulations sans nombre pour les ouvriers. Presque toujours le propriétaire qui veut s'épargner les ennuis d'une perception de loyers difficile confie sa maison au concierge et principal locataire. Celui-ci, que ne retient point le respect humain, ne voit dans l'immeuble dont le sort lui est indifférent qu'une occasion de faire de gros bénéfices. Il convertit en logement des boutiques, des rez-de-chaussée, des remises; il divise, il subdivise les chambres; il élève les prix, il rançonne les ouvriers. Le plus souvent il tient au rez-de-chaussée un débit de vins et de liqueurs et il supprime l'allée pour rendre le passage nécessaire par le cabaret. On devine aisément quelle exploitation se cache derrière ce commerce.

L'estaminet du Père Lunette, rue des Anglais, où je vous ai conduit autrefois, les maisons de la rue Galande, tout le quartier de la « Maubert » la rue Sainte-Marguerite sont loués de cette sorte. J'y ai vu des chambrées où chaque locataire jouit de trois mètres cubes d'air, alors que le minimum doit être de quatorze mètres, et le prix de ces bouges loués au mois ou à la semaine à des équipes de maçons, varie de quarante-cinq centimes à un franc par jour, — c'est-à-dire de 168 à 365 francs par an.

Voilà pour les garnis. Le père de famille qui traîne avec soi dans une charrette ses pauvres meubles douloureux, blessés d'avoir dégringolé tant d'étages, ne paye pas des loyers moins exorbitants. Les chambres uniques coûtent au minimum 80 francs par an. « Les mêmes, dit M. Picot à qui j'emprunte ces chiffres précis, dans la proximité des fabriques, montent jusqu'à 150 francs. J'en ai vu à 200 et 220 francs ; avec un petit cabinet, elles atteignent jusqu'à 260 et 300 francs. La division des sexes n'a lieu en aucun de ces logements. Il faut arriver à trois chambres pour que la séparation soit possible. Or, les trois chambres sont un luxe fort rare dans la classe ouvrière, car elles valent partout plus de 300 francs. Pour mettre un prix aussi élevé à son loyer, il faut que l'ouvrier gagne 7 à 8 francs par jour. »

Des optimistes vous diront :

— Si les conditions du logement sont si défectueuses

à Paris, pourquoi l'ouvrier ne va-t-il pas habiter dans la banlieue?

Il est bien aisé de deviner les motifs qui s'opposent à cette sortie des fortifications :

Les distances sont si longues à Paris qu'il n'y a pas moyen, la journée finie, de s'en aller son outil sur l'épaule, à pied, vers la maison de banlieue. Et, d'autre part, on a eu beau abaisser à de certaines heures le tarif des chemins de fer et même celui des tramways, la nécessité de la locomotion artificielle est une dépense qui grève lourdement le budget d'un petit ménage.

Puis le travailleur, si éloigné de chez soi, ne peut pas revenir prendre son repas à la maison; et toutes les mères de famille vous diront que « dès que l'homme mange dehors, cela tue le gain ». Je sais bien que, selon la pittoresque expression populaire, l'ouvrier pourrait apporter sa pitance dans un bissac et manger « entre ses chevilles ». Mais n'est-ce pas trop dur pendant cette heure de repos, de lui imposer l'isolement de ses camarades et la tristesse du silence, qui fait que les mauvais morceaux restent dans la gorge. Avant d'accuser le maçon parce qu'il entre chez le tripier pour manger le « plat du jour », faites un peu votre examen de conscience, et rappelez-vous — tout être délicat et de culture supérieure que vous êtes — le plaisir obscur, animal, que vous prenez à vous asseoir à table et à discourir entre deux plats. Vous n'êtes par gourmand : pourtant, à examiner les choses de près, le repas est encore un de vos plaisirs les plus solides. C'est l'unique joie de cet homme plus simple que vous et plus fatigué dans son corps.

— Enfin, m'a dit un jour un plâtrier près duquel j'étais assis sur l'impériale du tramway de Montrouge, quand on passe les fortifications, il faut que la femme renonce à travailler pour le dehors. A Paris, elle peut encore trouver quelque petite besogne de voisinage, des heures de ménage, un coulage de lessive, un battage de tapis, qui lui rapporte une pièce de quinze sous et lui permet de venir, deux ou trois fois dans la matinée, donner un coup d'œil à son fricot et à ses mioches. Dès qu'on sort dans la banlieue, plus d'occasion de « rabiaud », même pendant l'été, et c'est un grand dommage. Il y a des femmes travailleuses qui payent le loyer de la maison rien qu'avec ces profits-là.

Cet homme disait vrai. Sauf exception tout à fait particulière, l'ouvrier ne peut habiter hors Paris. Il faut donc se demander si c'est une loi économique qui porte à ces taux élevés de loyer les petits logements de la ville. Si c'était le prix du terrain et des constructions qui dictaient partout ces exigences au propriétaire, il n'y aurait rien à dire. Mais les gens bien informés affirment que ce n'est pas ainsi qu'il en va et que les ouvriers sont fréquemment victimes d'une vilaine spéculation.

M. Picot a conté il y a quelques années — à la

suite d'un rapport présenté à l'Académie des sciences morales sur l'habitation du pauvre à Paris — qu'il avait reçu un matin la visite d'un entrepreneur venu pour lui offrir ses services.

— Ah! monsieur, dit cet industriel, comme vous avez raison de vous occuper de ces questions-là. Il y a gros à gagner dans de pareilles opérations. Tenez, moi qui vous parle, je viens de construire à Grenelle des logements d'ouvriers qui me rapportent douze pour cent.

M. Picot désirait s'instruire. Il n'eut garde d'avertir son homme qu'il commettait une méprise, qu'il s'agissait de pitié et non d'usure. Il se fit montrer des devis. L'entrepreneur ne s'était point vanté. Il tirait bien l'intérêt qu'il avait annoncé de ses médiocres bâtisses.

Voilà une histoire surprenante. Il paraît qu'elle est banale. L'ouvrier de ville, condamné par des spéculateurs à l'éternelle médiocrité du logis, se dégoûte d'une maison où il ne trouve ni repos, ni ordre, ni confortable. Que de fois, le soir, dans des montées de maisons pauvres, par les portes laissées grandes ouvertes, sur le palier, pour donner de l'air, j'ai aperçu l'homme rentré du travail, écroulé sur une chaise, muet au coin de la table, tandis que la femme réchauffait la soupe, avec quatre ou cinq enfants autour d'elle. Les grands jouaient bruyamment dans l'unique chambre, les tout petits piaillaient dans leur lit. Je vous assure que ceux qui reprochent si fort à l'ouvrier sa station au cabaret n'ont pas assez contemplé ces spectacles. Autrement ils n'affirmeraient pas si sereinement que l'ouvrier est mal logé parce qu'il boit. Il est presque aussi vrai de dire que l'ouvrier boit parce qu'il est mal logé.

Cet inconvénient existe dans toutes les capitales du monde. Nulle part plus qu'à Paris, où la population ouvrière atteignait en 1885 plus de 1,347,276 individus. Mais ailleurs, à Londres, par exemple, il y a longtemps que l'on a commencé de lutter contre le mal, et les heureux résultats obtenus en peu d'années valent qu'on les étudie.

On sait qu'en dehors de la vieille Cité l'administration londonienne est divisée en trente-sept paroisses qui relèvent d'elles-mêmes. Si chacune a ses coutumes, toutes sont d'accord pour faire respecter les lois de la salubrité. Chacune de ces administrations locales entretient donc des médecins inspecteurs qui parcourent les quartiers pauvres, pénètrent dans les maisons, vérifient le cube d'air, prescrivent les travaux d'assainissement. Quand ces médecins ont déclaré un îlot insalubre, il est condamné. On entame les procédures; dès qu'elles sont finies, l'îlot est détruit, le terrain mis en vente.

C'est alors qu'interviennent les sociétés philanthropiques de construction. Elles acquièrent le terrain et élèvent dessus ces grandes maisons que les étrangers prennent à première vue pour des casernes ou des hôpitaux. Londres en contient à cette heure plus d'une centaine : cela représente *dix mille* logements qui abritent *cinquante mille* âmes.

Toutes ces maisons sont bâties sur un modèle uniforme. Autour d'une vaste cour bitumée dont la superficie représente les deux tiers du terrain, s'élèvent quatre bâtiments isolés. La construction est de béton et de fer pour éviter les incendies. De larges baies sans fenêtres laissent passer le jour à chaque étage sur les paliers, qui, le soir, sont éclairés au gaz jusqu'à onze heures.

Tous les logements sont composés soit de deux, soit de trois chambres, auxquelles est toujours jointe une pièce servant de débarras et de lavoir de cuisine (scullery). Une salle de buanderie, dans laquelle le linge est étendu, sert à tour de rôle aux locataires du palier. Personne ne peut laver chez soi, ni étendre aux fenêtres.

Malgré l'agglomération d'habitants l'ordre est parfait. Il faut dire aussi, que les locataires sont triés. Dès qu'une demande est adressée à la société, une enquête est ouverte sur la conduite, le travail, la solvabilité du postulant. Les nombreuses familles sont toujours préférées. A mérite égal, l'ouvrier gagnant le plus faible salaire est toujours choisi. Chaque maison est, d'ailleurs, placée sous la surveillance d'un « surintendant » — d'ordinaire un ancien sous-officier, un constable en retraite — qui fait observer les règlements.

Voilà bien des avantages. Les sociétés ont rêvé

mieux encore. Elles ont créé en bon air des petites maisons avec jardins. Plus de cinq mille cottages ont ainsi été élevés par deux sociétés en douze ans. La première catégorie, qui contient six pièces, représente un loyer annuel de huit cents francs; la dernière, avec deux chambres et un petit salon, vaut trois cent quatre-vingt-dix francs par an.

Je me souviens d'être entré dans un de ces intérieurs, chez un pêcheur, dans les environs de Londres. L'homme que j'avais rencontré au bord de la rivière était très pauvrement vêtu. Il m'invita à venir chez lui pour voir un bateau-modèle qu'il construisait. Je fus stupéfait de trouver dans le corridor un tapis de carreau et un petit salon, presque élégant, meublé de fauteuils de velours sous des housses, avec un dressoir chargé de pots de métal et de théières étincelantes.

Les statistiques indiquent qu'à l'ordinaire ces maisons sont occupées par des ouvriers gagnant de 7 à 10 francs par jour. C'est donc l'élite de la classe ouvrière qu'elles logent : les typographes, les mécaniciens, les ébénistes, les commis...

C'est précisément un jeune commis américain qui a doté Londres d'une des plus belles institutions charitables qui fonctionnent dans ce pays de misère.

Il y a cinquante ans, un jeune employé, Peabody, qui entrait dans une maison de commerce des États-Unis, faisait le vœu, si la Providence lui donnait la fortune, de consacrer son argent au service des pauvres. Devenu riche, cet homme de bien, après avoir fait à son pays natal des donations que l'on peut évaluer à cinquante-cinq millions de francs, rêva de secourir l'affreuse pauvreté londonienne. Pour cela, il versa entre les mains des *trustees* une somme de douze millions pour l'œuvre des logements d'ouvriers.

Grâce à cette fortune accrue par une administration habile, dix-huit groupes de maisons se sont élevés dans Londres, qui forment aujourd'hui un total de 10,144 chambres occupées par 18,454 personnes. « L'espérance du donateur, est-il dit dans un testament du 31 mai 1869, est que, dans un siècle, les recettes annuelles provenant des loyers atteindront un tel chiffre qu'il n'y aura pas dans Londres un seul travailleur pauvre et laborieux qui ne puisse obtenir un logis confortable, correspondant à son faible salaire. »

Cet espoir n'est point optimiste. Lorsque la reconnaissance publique célébrera le centième anniversaire de la mort de M. Peabody, la fondation qui porte son nom possédera peut-être à Londres deux milliards d'immeubles, abritant 1,500,000 âmes, distribuées en 350,000 logements.

A Paris, nous sommes bien loin de ces chiffres et de ces rêves. Du moins, voici un bel et charitable exemple donné par la Société philanthropique.

Espérons que, pour une fois, le bon grain tombé sur la pierre croîtra jusqu'à l'épi : je veux dire qu'elles auront raison les belles paroles scellées dans la première assise de la maison des pauvres par la duchesse de Richelieu :

« On a rêvé de faire cette maison lumineuse, afin qu'elle abritât des familles unies... »

# LES IVRESSES

## I

## L'ÉCONOMIE DE LA DOULEUR
### (LES STUPÉFIANTS)

Un matin du dernier mois d'août, je trouvai dans mon courrier la lettre qu'on va lire. L'écriture m'était inconnue. Le timbre annonçait une petite ville du midi :

« Monsieur,

« Je vous prie de ne point sourire de la confidence qui va suivre et de me répondre aussi sérieusement que je vous interroge.

« Ceci m'encourage à vous écrire : j'ai la conviction que le scrupule qui me tourmente à cette heure a occupé l'esprit de beaucoup de gens.

« Ma femme est sur le point de mettre pour la première fois un enfant au monde. Comme elle est fort nerveuse, le médecin de la famille lui a conseillé de recourir, pour ses couches, à l'usage du chloroforme.

« Ma femme est une personne très sincèrement pieuse. Elle résiste à cet avis du médecin pour des motifs religieux. Vous connaissez comme moi, monsieur, la parole que Dieu adresse à Ève dans les Écritures : « Tu enfanteras dans la douleur. » Ma femme s'appuie sur ce texte pour repousser l'emploi d'un médicament qui lui épargnerait la souffrance ; elle craindrait en cédant à son médecin, de transgresser, une loi divine.

« Notre pasteur, dont nous avons pris l'avis, nous a répondu que la règle lui semblait être, en cette matière délicate, la bonne foi d'un chacun. Il estime que l'on devait agir selon sa propre conscience.

« C'est une fort bonne règle. Mais vous êtes placé, monsieur, pour interroger sur ce sujet nombre de personnes compétentes. Il n'est pas possible que la question de l'usage moral ou immoral des narcotiques ne se soit pas posée en théologie et en théodicée. Ne pourriez-vous nous parler de cela un jour ou l'autre? Il ne s'agit pas seulement de femmes en couches. La pratique des remèdes qui passent pour supprimer la souffrance s'est universellement répandue. Chacun en use et en abuse. Il ne serait peut-être pas mauvais que les personnes qui ont qualité pour donner leur avis moral ou technique sur cette mode nouvelle prissent la peine d'éclairer de leur lumière les gens de bonne volonté.

« Veuillez agréer, monsieur, etc.

« L\*\*\*. »

L'auteur de cette lettre a eu tort de penser qu'elle pût fournir à personne l'occasion de sourire. Elle est tout à fait sensée et signale un péril très actuel et très réel.

Jamais les hommes n'ont été si fort préoccupés de l'économie de la douleur physique. Ce souci est à la base de toutes les réformes sociales dont rêvent les politiciens de bonne foi ; il ne faut donc pas s'étonner que l'effort de la médecine contemporaine se soit tout entier tourné vers l'allègement de la souffrance. Ils ont successivement inventé, pour nous soulager, l'éthérisation, le chloroforme, le salicylate de soude, la morphine, l'antipyrine, la cocaïne, que sais-je ? Ils ont dû s'ingénier. La race, devenue plus nerveuse et par conséquent plus sensible que jamais aux émotions physiques, s'est tout à fait révoltée contre les douleurs, même contre les plus naturelles, comme, par exemple, les douleurs de l'enfantement. Qu'est-ce à dire contre le rhumatisme, la goutte, les migraines, les névralgies et le mal de dents, douleurs qui n'ont pas d'autre utilité évidente que de prouver aux yeux des personnes croyantes la réalité du péché originel ? A l'heure qu'il est, personne ne veut plus souffrir ces maux sans raison. Chacun possède son *anesthésique* favori qui engourdit le mal et le dissipe. Vous entendez communément de jeunes et jolies femmes discuter des mérites réciproques de l'antipyrine et de la morphine avec la passion qu'elles apportaient jadis à chanter les vertus de leur parfum favori. Et le monde entier des névropathes commente avec ivresse la parole tombée des lèvres du docteur Germain Sée, à la fin du panégyrique qu'il a fait de l'antipyrine devant l'Académie de médecine :

« *C'est le remède des douleurs et de la douleur.* »

Que doit-on penser de la légitimité et de la convenance de cet affranchissement?

Il est sûr que si l'on allait consulter un morphinomane — on ne dit point encore un antipyromane, attendez — sur la valeur morale et médicante du soulagement qu'il éprouve, il vous répondrait :

— Messieurs, il y a une minute, je souffrais comme un damné. Je viens de prendre ma seringue de Pravaz bien chargée ; je me suis fait une injection sous-cutanée ; instantanément, je ne souffre plus. Et non seulement la douleur a été supprimée, mais j'ai l'esprit plus lucide que jamais. Je goûte un bien-être indéfinissable que vous ne connaissez point. Les savants le nomment *euphorie*. Je dis, moi, que c'est sur la terre la béatitude paradisiaque. Que voulez-vous donc chercher davantage ? Je souffrais ; je suis heureux! Les théologiens et la Faculté n'ont pas à fourrer leur nez là dedans.

Je connais l'état dont parle ce morphinomane. J'ai passé, moi aussi, après des journées de douleur, des nuits bienheureuses à contempler le cercle lumineux de ma veilleuse au plafond. Pendant des heures de suite je me suis en allé à la dérive dans le fleuve qui roule les songes des fumeurs d'opium.

J'ai senti cette ivresse physique des membres posés *sans poids* autour du tronc, sans lassitude des attaches, avec la sensation d'une montée indéfinie, berceuse en un milieu doux et tiède, savoureux à l'épiderme tout entier, comme le lait à la langue. Et je me souviens que tout était ivresse en ce rêve : la caresse des draps contre mes doigts, l'ouïe lointaine des pas du veilleur de nuit qui venait visiter chaque malade dans sa cellule.

Depuis, j'ai eu la curiosité de traverser d'autres sommeils artificiels, entre autres celui plus terrible et plus lourd du chloroforme. Avec cet anesthésique-là le tableau change. Il n'est plus question d'*euphorie* ni de voluptueuse langueur. Ceux qui ont passé par le chloroforme se rappellent, j'en suis sûr, aussi nettement que je fais moi-même, l'angoisse de ce départ pour la vie inconsciente. Ils se souviennent de la minute où le médecin s'est approché avec sa drogue répandue sur une couche de ouate, où il leur a bouché le nez et les lèvres et où il leur a dit :

— Respirez largement.

Quelle que soit la douleur qu'on cherche alors à éviter, le désir vient, à cette seconde, de repousser le poison, de risquer la souffrance, même éveillé, plutôt que de consentir à une suspension de personnalité qui va vous livrer, inerte, aux mains de l'opérateur. Et il faut opposer un réel effort de volonté à la révolte de tout l'organisme contre l'invasion du poison.

D'ailleurs, il est déjà trop tard pour dire non. Un horrible maillet, dont ceux qui ont souffert les coups n'oublient jamais le martellement, commence à vous assommer en dedans du crâne, qu'il heurte *du plafond au parquet*. Je ne sais comment vous exprimer plus précisément cette sensation atroce. Les coups sont aussi douloureux que les contre-coups. Ils se précipitent en *crescendo* de violence et de fréquence. Voilà que c'est un roulement de tambour. Les yeux se voilent, un bourdonnement emplit les oreilles où tout se noie, où tout est emporté, la résistance, la douleur, la pensée. Ce n'est pas le sommeil, c'est bien la mort.

Il est probable que la promesse que je m'étais donnée à moi-même de conserver la conscience de mon état et de noter le plus longtemps possible les phénomènes que je sentirais se succéder en moi ait prolongé ma résistance et, par là, ma douleur. Mais, à supposer que l'endormement soit prompt et peu douloureux, les angoisses du réveil que l'on traîne plusieurs jours dans les nausées, dans les migraines insupportables, dans des vertiges analogues à ceux qui suivent le mal de mer, suffisent pour rendre le chloroforme haïssable à ceux qui l'ont une fois connu. Il n'y a point de danger que l'on songe à recourir sans nécessité à un soulagement qu'il faut si chèrement payer en détail. Personne ne fera jamais du chloroforme par lâcheté, pour son plaisir, l'abus que signale mon correspondant.

Et dans les mains du médecin son usage a des effets admirables.

J'ai eu l'occasion, cet hiver, d'interroger un jour M. le professeur Trélat sur les vertus de cet anesthésique.

L'illustre opérateur m'a répondu :

— L'emploi pratique du chloroforme a été une révolution en chirurgie. Il nous a permis toutes les audaces. Nous réussissons, grâce à son action, des opérations que l'on n'aurait jamais osé tenter avant lui. On ouvre les gens en deux. On cherche et l'on atteint les causes profondes de leur mal avec autant de sécurité que si l'on se trouvait en face d'un sujet d'études anatomiques. Et vraiment le patient a cette immobilité de la mort qui permet les recherches minutieuses, patientes, infiniment délicates que la douleur, la défense du malade éveillé, feraient impraticables et mortelles.

Vous voyez qu'au point de vue chirurgical le chloroforme n'économise pas seulement la douleur : il économise la vie. On est ici dans la souffrance anormale, dans la souffrance d'accident. Il n'y a donc pas à s'étonner de voir le malade recourir, pour son soulagement, à un artifice exceptionnel. Mais l'accouchement d'une femme est un des phénomènes les plus naturels du monde. On ne saurait l'assimiler d'aucune façon à une opération chirurgicale ; c'est pourquoi il n'est pas surprenant qu'ici le scrupule se lève et que la même personne qui aurait pris le chloroforme sans difficulté, s'il se fût agi de se laisser couper la jambe, hésite à en faire usage pour éviter une douleur qui est loi de nature.

J'ai ouï conter autrefois au docteur Charles James Campbell quel scandale causa en Angleterre la chloroformisation à laquelle la reine Victoria se soumit lors de son huitième accouchement, le 7 avril 1853. La nouvelle en avait été publiée par le propre médecin de la reine, sir James Clark, qui, douze jours après l'événement, écrivit à l'un de ses confrères :

« La reine s'est fait donner le chloroforme à son dernier accouchement; l'action en a été merveilleuse. A aucun moment on ne lui en a donné une dose assez forte pour lui faire perdre connaissance, et c'est à peine si l'on en a usé une once pendant toute la durée du travail. Sa Majesté a été enchantée ; jamais elle ne s'est plus vite rétablie. »

Il y eut stupéfaction dans le public quand on apprit que *la première dame du pays* (the first lady of the land) avait donné un si dangereux exemple. Les puritains ne cachèrent point les marques de leur désapprobation, et l'expression *Chloroforme à la Reine* devint à ce moment-là une locution proverbiale. Cela n'empêche point du reste un grand nombre de dames anglaises d'imiter leur gracieuse souveraine. Et c'est dans le pays biblique par excellence, en Angleterre, que le chloroforme est le plus fréquemment administré dans les accouchements.

Vous comprendrez que je n'entre pas ici dans la discussion technique de la convenance ou de la non-convenance de cette pratique. Je renvoie ceux qui voudraient se renseigner minutieusement sur cette question au livre du docteur Ch.-J. Campbell, un chaud partisan de la chloroformisation, qui a pour titre précis : *Considérations nouvelles sur l'anesthésie obstétricale*. Ce livre a été fort discuté, car il y a tout juste autant d'accoucheurs qui encouragent l'usage du chloroforme que d'accoucheurs qui n'en veulent point entendre parler. Les uns et les autres doivent avoir leurs raisons; elles sont sans doute également bonnes.

Si les femmes ne doivent prendre cet anesthésique que dans le cas de mal d'enfant, il n'y a pas péril que la fréquence des expériences les rende jamais chloroformomanes. Le stupéfiant périlleux c'est celui que l'on peut se procurer facilement et que l'on s'administre soi-même, sans avis de médecin, par impatience de ces petites douleurs qui sont la rançon de chaque jour.

De tous ces calmants, l'antipyrine est à cette heure

le plus en vogue. Pourquoi empêcherait-on les pharmaciens d'en délivrer à qui en demande, autant qu'on en demande? Il est entendu que c'est une panacée.

Mais il se pourrait bien que cette lune de miel ne durât pas éternellement. De-ci de-là, dans les journaux de médecine, des accidents apparaissent où l'antipyrine semble compromettre sa réputation de loyauté inoffensive. Observez-vous vous-même, vous qui mettez facilement, pour un oui ou pour un non, la main à la bonbonnière, et dites si vous ne constatez pas, les lendemains de ces guérisons miraculeuses, des phénomènes singuliers. Si, par exemple, vous n'oubliez pas la moitié de vos commissions, ou encore si vous n'arrivez pas avec des jambes de coton sur la planche où votre maître d'armes vous attend pour « raboter le contre-de-quarte ».

Pourtant, puisque de deux maux il faut choisir le moindre, soyez plutôt clients de la bonbonnière d'antipyrine que de la seringue de Pravaz. Celui qui commence de se piquer soi-même et qui est à l'écoute de sa souffrance, a autant de chance de devenir morphinomane que celui qui fréquente quotidiennement le cabaret de devenir alcoolique.

Morphinomane, c'est-à-dire fou. Je me souviens d'avoir, un jour, assisté à une conférence du docteur Ball sur cette monomanie mortelle. Elle m'a laissé de vivants souvenirs :

« Vous connaissez tous, nous avait dit l'éminent aliéniste qui parle et écrit le français avec une perfection rare, vous connaissez tous le fameux monologue de Hamlet et le passage où le prince s'écrie que sans la crainte de l'inconnu personne n'hésiterait à se soustraire aux chagrins de la vie, alors qu'il suffit, pour entrer dans le repos, d'une pointe acérée. Eh bien, cette pointe acérée dont parle Shakespeare, cette aiguille libératrice, nous la possédons ; c'est la seringue de Pravaz. D'un coup d'aiguille vous pouvez effacer les souffrances du corps et celles de l'esprit, les injustices des hommes et celles de la fortune, et l'on comprend dès lors l'empire irrésistible de ce merveilleux poison. »

L'effacement des souffrances de l'esprit aussi bien que des douleurs corporelles, voilà ce que le morphinomane arrive fatalement à demander à son remède favori. Le détraquement de sa sensibilité, l'abaissement de son intelligence, l'avertissent vainement que son habitude vicieuse est au fond une forme lente du suicide. Il n'est plus maître de régler un besoin qu'il a créé et qui se fait tous les jours plus impérieux.

Quel que soit le soulagement qu'éprouve alors le morphinomane dans la satisfaction de son appétit, on voit que surgit ici une question morale qui dépasse la compétence du médecin.

Il s'agit de savoir s'il est permis à un honnête homme de faire l'économie de la souffrance physique, quand par cet acte il met en péril ses facultés supérieures.

C'est là un beau problème de droit moral, de casuistique philosophique aussi bien que religieuse sur lequel j'ai réuni, les avis de personnes compétentes.

Avis de médecins, avis de philosophes, avis de bonnes gens comme vous, comme moi, qui, tributaires de la souffrance physique, avaient à dire leur mot dans ce débat.

Une personne qui signait « Un morphinomane » m'a envoyé dans le tas un billet où j'ai relevé ce passage divertissant.

« Vous avez tort, monsieur, de nous mettre en garde contre le délicieux poison. Je le dis, dans votre intérêt. Si vous prenez la peine d'ouvrir le livre du professeur Ball sur la *Morphinomanie*, vous y trouverez deux pages qui analysent très subtilement cette habitude morphinomaniaque que le savant aliéniste appelle la *manie lectuaire*. Le goût de la lecture horizontale — j'entends de la lecture au lit — est un des plaisirs les plus vifs du morphinomane. Or, du train où l'on publie à cette heure, la moitié des romans passeraient sans être coupés à la boîte du bouquiniste, si les morphinomanes n'étaient pas là, dévorateurs insatiables de toute pensée qui s'imprime. Moi qui vous parle, je suis capable de lire, depuis le bulletin politique jusqu'aux annonces, un journal de l'année dernière. Il me semble que cela devrait être un titre à votre indulgence. Les antipyromanes ne vous ménageront jamais de ces surprises. »

Voilà un argument « à l'homme » qui me ferait

tomber la plume des mains, si l'instinct corporatif était chez moi plus fort que l'amour de l'humanité. Mais heureusement il n'en est rien ; la secrète sympathie que je me sens dès aujourd'hui pour mon correspondant et ses frères en péché ne saurait m'empêcher de poursuivre loyalement la petite enquête ouverte sur cette question morale : « Avons-nous le droit de nous épargner des souffrances physiques au prix de l'affaiblissement de nos facultés supérieures : la volonté, la sensibilité, l'intelligence ? »

La première pensée qui vient à l'esprit d'un homme consciencieux préoccupé de renseigner ses contemporain sur n'importe quel problème de politique, de philosophie ou d'histoire, c'est d'aller déranger le concierge du Collège de France et de lui demander :

— Est-ce que M. Renan est chez lui ?

M. Renan est allé voir ses ouailles de Bretagne. Il fait, dans les environs de Tréguier, sa tournée pastorale annuelle.

C'est une déception que je prévoyais. Je ne m'en afflige qu'à moitié. Je vous confie, en effet, — ceci tout à fait entre nous, — que sur la matière qui nous occupe, l'auteur des *Dialogues philosophiques* ne m'aurait point donné un avis désintéressé. J'appuie cette induction sur une anecdote dont je vous dois le récit :

Lorsque Jules Lemaitre fut décoré de la Légion d'honneur, il pria M. Renan de bien vouloir lui servir de parrain.

L'illustre exégète accepta avec beaucoup de bonne grâce, et le filleul s'en vint recevoir au Collège de France l'accolade traditionnelle.

Quand on en fut à la formalité de remplissage du brevet, M. Ernest Renan demanda :

— Quel titre, mon cher ami, inscrirai-je en face de votre nom ? Homme de lettres ?

— Non pas, monsieur Renan. Écrivez, je vous en prie : *Professeur à la Faculté des lettres de Grenoble.*

Le parrain prit sa belle plume et de la petite écriture menue, féminine, que vous connaissez, il remplit le brevet. Puis il le tendit à Jules Lemaître. Celui-ci le parcourut des yeux et éclata de rire.

— Parbleu ! monsieur Renan, dit-il, dois-je penser que c'est ici malice de votre part ?

— Quoi donc ? quoi donc ?

— Relisez un peu ce que vous avez écrit ?

M. Ernest Renan déploya le parchemin et lut : *Professeur à la Faculté des lettres de Grenelle.*

Aussitôt il leva les bras au ciel et, avec cette politesse exquise qui est la règle de sa conversation, il laissa jaillir le mécontentement qu'il éprouvait de son erreur dans une gamme de petites exclamations chromatiques :

— Ah ! mon cher ami ! Ah ! vraiment ! excusez-moi ! Une distraction impardonnable ! L'antipyrine ! C'est la faute de l'antipyrine...

Il y a un dicton de sagesse courante qui se formule

ainsi : « Faites ce que je dis, ne faites pas ce que je fais. » J'aurais donc pu me trouver, — il faut tout prévoir, — en face d'un M. Renan qui m'eût déconseillé l'usage des anesthésiques en me disant : « Ils sont attentatoires à l'intelligence humaine. » Cette palinodie m'aurait mis dans un embarras cruel. J'aime mieux m'adresser à des personnes dont l'opinion soit plus impersonnelle et absolue. Je vais donc frapper à la porte du grand séminaire de Saint-Sulpice ?

— Monsieur le portier, c'est un croyant perplexe qui vient prendre une consultation de théologie.

— MM. les professeurs du séminaire sont dispersés par les vacances. Vous aurez peut-être chance d'en rencontrer quelqu'un au séminaire d'Issy. Allez-y voir.

M'y voilà.

Dans le grand parloir le soleil couchant descend par les fenêtres hautes, illumine quelques tableaux assombris et aussi, par terre, la netteté des carreaux. Un des directeurs de la maison me reçoit de bonne grâce.

Je lui expose ma requête :

— S'il faut croire, monsieur l'abbé, que rien n'arrive ici-bas sans *décret* exprès de la Providence — la maladie comme le reste — un bon catholique ne doit-il point considérer comme d'origine malicieuse des remèdes qui suppriment la douleur par l'anéantissement de la personnalité ? N'y a-t-il pas en ces occasions de la part du fidèle une manifeste révolte contre

12.

la volonté providentielle qui a imposé l'épreuve ? N'est-ce point — pardonnez-moi, monsieur l'abbé, un mot aussi profane — une sorte de tricherie que l'Église ne saurait approuver ?

Le directeur me répond avec indulgence :

— « Monsieur, rappelez-vous que le bon Samaritain a été loué d'avoir pansé les plaies du blessé rencontré sur son chemin. L'Église a toujours considéré comme une vertu fondamentale la charité envers les souffrants. Charité, c'est-à-dire soulagement des douleurs physiques autant que des douleurs d'âme. Le rigorisme de doctrine que vous nous prêtez bien à tort irait à écarter complètement le médecin du chevet des malades. Nous estimons que sa présence y est aussi nécessaire que celle du prêtre.

« Ce principe de la légitimité des soulagements étant admis, il n'y a pas lieu d'interdire, dans la pratique, l'usage des anesthésiques. Mais, en faisant la plus large du monde la part de la faiblesse corporelle, l'Église n'a pu se désintéresser de l'âme et elle met quelques conditions à l'emploi des remèdes stupéfiants

« Ces conditions sont celles que dicte le bon sens et la simple honnêteté. L'une vise les personnes qui assistent le patient : Il convient qu'elles soient d'une moralité éprouvée, incapables de profiter de l'état d'inertie où le chloroforme, par exemple, a plongé le malade. L'autre regarde le malade lui-même : il a le droit d'user des anesthésiques dont l'action est sédative ou soporifique. *Ceux qui provoquent l'ivresse ne sauraient être autorisés dans aucun cas et quelle que soit la douleur à soulager.* »

Je vous prie de reconnaître combien cette règle est large et tolérante. Elle permet l'épargne légitime de toute douleur, elle oppose son veto seulement dans le cas où l'usage du remède devient pour celui qui l'emploie un plaisir positif. Par cette sagesse, l'Église catholique recommande l'usage exceptionnel des calmants et, du coup, elle met en garde contre les tyrannies d'habitude qui seules sont ici des agents dégradeurs de la sensibilité et de l'intelligence.

Ce faisant, elle témoigne d'une connaissance certainement plus profonde de l'humanité qu'Épictète s'écriant au milieu de la torture : « Douleur, jamais tu ne m'obligeras d'avouer que tu es un mal ! » Les souffrances physiques, avouons-le tout bas — sont plus insupportables au commun des mortels que la souffrance morale. Le stoïcien semble donc ici avoir risqué sur le substantif « mal » un jeu de mots qui est surtout recommandable par son héroïsme.

J'ai, parmi mes correspondants volontaires, un étudiant, lequel m'écrit : « Je réprouve avec indignation et dégoût une doctrine malsaine qui fait du mal physique l'instrument d'un salut hypothétique et d'une félicité imaginaire. » Vous entendez du reste que c'est du péché originel qu'il s'agit et de ses conséquences. Je voudrais savoir ce que mon jeune correspondant, si sévère pour les théologiens, peut bien penser de la fanfaronnade d'Épictète ?

Il est sûr qu'une philosophie plus au courant que la morale stoïcienne des misères physiologiques de l'homme ne le prend pas de si haut avec la douleur. Elle entre en composition. Elle cherche à mettre d'accord le bien absolu et nos désirs.

La question de l'usage des anesthésiques au point de vue moral n'a pas encore été directement étudiée par nos philosophes contemporains, mais ils ont donné leur avis à maintes reprises sur un autre sujet auquel celui-ci est lié intimement : le problème de l'*habitude*.

La morale philosophique, qui est très catégorique dans son jugement sur le suicide, qu'elle condamne comme une désertion, se mettrait en contradiction avec soi-même si elle interdisait l'usage du chloroforme dans la médecine opératoire. Nous l'avons vu tout à l'heure, les médecins s'accordent à reconnaître que, grâce à l'emploi de ce stupéfiant, nombre de vies que l'on perdait autrefois peuvent être aujourd'hui conservées. On peut donc le dire dans une certaine mesure, il y aurait pour un malade *imprudence morale* à repousser l'usage d'un agent dont la présence accroit les chances de salut.

Mais lorsqu'il s'agit des stupéfiants, que je demande la permission d'appeler *quotidiens*, la morale change de langage. Elle se fait sévère. Elle sait où mènent ces pratiques que l'habitude va rendre tyranniques.

Elle se désintéresse du soulagement d'une douleur qui s'achète au prix de l'affaiblissement de la liberté.

« Elle a raison d'en agir ainsi, m'écrit un anonyme qui signe *Un philosophe*. Car l'essence de l'homme n'est pas de jouir, mais de penser. Il jouit (ou il souffre) parce qu'il pense ; il ne pense pas pour jouir. Sacrifier la pensée à la jouissance, c'est lâcher la proie pour l'ombre, c'est supprimer la jouissance elle-même en supprimant sa source, qui est la conscience. »

Conclusion :

Nous devons donc accepter les souffrances inséparables de la vie consciente et intelligente, car, si l'on admet que l'homme vaut par la pensée, et surtout la pensée féconde, la règle de la vie sera : *Primo philosophari, deinde vivere*. Songez à penser avant que de songer à vivre.

Il me semble que voilà la règle. La religion, la philosophie et le bon sens sont d'accord pour l'établir.

Si donc, revenant à la question qui a été le point de départ de cette causerie, on se demande ce que peuvent répondre la Morale et la Théologie à une femme qui les interroge sur ce cas particulier : « Ai-je le droit de recourir au chloroforme pour m'éviter les douleurs de l'enfantement ? » il semble que ces deux doctes personnes tiendraient, en cette ocasion, à peu près le même langage, celui-ci :

« Vous n'avez le droit de mettre en péril, pour

vous épargner la souffrance, ni votre vie, ni la vie de l'enfant à naître de vous. Si un médecin digne de confiance accepte la responsabilité de ce risque, agissez selon votre bonne foi et selon votre scrupule. Le souvenir du texte biblique : « Tu enfanteras dans la douleur » ne doit point vous troubler. L'enfantement est autant un acte moral qu'un phénomène physique : il survit à la naissance, et pour les douleurs d'âme, conséquences de la maternité, la médecine ne trouvera point de remède. »

« — Et enfin, voulez-vous que je vous donne mon avis? m'écrit une femme qui paraît avoir plus d'esprit que de foi. Vous nous la baillez belle avec votre verset biblique qui nous obligerait nous autres, pauvres créatures, à supporter les douleurs de l'enfantement sans chercher à y porter remède.

« Il y a un homme, un seul, qui ait accouché, une fois dans sa vie... et il s'est fait endormir.

« Rouvrez, je vous prie, les Écritures. Vous y verrez que Dieu, ayant eu à prendre une des côtes d'Adam pour en créer Ève, exécuta cette opération pendant le sommeil de notre aïeul. »

## II

# L'ÉCONOMIE DE LA DOULEUR

## (L'HYPNOTISME)

Les chasseurs répètent volontiers ce proverbe : « Qui peut savoir où va se faire tuer un lièvre qu'on lève? » Je puis en dire autant et avec une certaine fierté.

De l'autre côté des Pyrénées une voix a répondu que je n'aurais pas été interroger si loin. L'évêque de Madrid vient d'adresser à ses ouailles, et par-dessus leurs têtes à toute la catholicité, une lettre pastorale sur l'hypnotisme.

J'ai eu connaissance de ce mandement par l'entremise de M. l'abbé Elie Méric, professeur à la Sorbonne, qui a publié, dans le dernier numéro de la *Revue de l'Hypnotisme*, un article de critique substantielle et fort indépendante sur la lettre de Mgr de Madrid.

Je ne sais si vous avez jamais feuilleté les livres de

controverse scientifique que l'on publie au delà des monts? Il faut faire au clergé français le crédit de reconnaitre qu'il garde vis-à-vis de la science contemporaine une attitude tout à fait intelligente et digne. Depuis longtemps, il a renoncé, sinon officiellement, du moins dans la pratique, à réconcilier la foi et la raison. Il comprend qu'on a plus tôt fait de demander, voire à un sceptique, son adhésion toute pure à la croyance religieuse, que de tenter, pour le convertir, des démonstrations qui reposent sur une pétition de principe.

Les autres clergés latins, et particulièrement le clergé espagnol, n'imitent pas cette honnête réserve. Les monsignori italiens sont trop indolents pour descendre sérieusement dans une lice où l'on est exposé à recevoir des horions. Mais au fond de tout bon Castillan, il y a un Don Quichotte qui ne mesure point, avant de se jeter dans la mêlée, la force du bras dont il charge à la vigueur de l'ennemi.

Quand on a rendu à cette vaillance chevaleresque l'hommage qu'elle mérite, il est bien permis d'en sourire. Pour moi, je n'ai jamais goûté plus délicieusement le plaisir d'ironie qu'à la lecture des ouvrages de controverse scientifique, en trois cents pages d'éloquence, où des dominicains espagnols réfutent périodiquement tout l'effort de la science contemporaine ; darwinisme, découvertes géologiques, loi des hérédités — et le reste.

Il semble que l'évêque de Madrid appartienne à

cette école de la réfutation sonore qui a le don d'agacer jusqu'au paroxysme les gens qui ne sont pas philosophes.

Je ne peux pas être suspect à vos yeux de tendresse pour l'hypnotisme. J'ai jadis vaillamment combattu — sans succès du reste — pour obtenir que la préfecture de police interdit le spectacle public des expériences hypnotiques. J'ai même failli à ce moment-là être victime de mon audace. J'avais demandé qu'on empêchât un charlatan d'exhiber dans une cage aux lions une somnambule endormie. Ce magnétiseur se présenta chez moi, avec un gourdin gros comme votre jambe, un jour que j'étais absent du logis. Il revint le lendemain, mais j'avais eu le loisir d'avertir le commissaire de police.

— Tirez sur lui comme sur un chien, s'il fait seulement mine de vous frapper, m'avait dit le fonctionnaire. Maintenant, pour simplifier les constatations ultérieures, placez donc un témoin dans une pièce voisine.

J'avais mon témoin aux aguets, et mon revolver en évidence sur la table. Le belluaire m'offrit un billet de mille francs si je voulais cesser ma campagne.

— J'ai dix mille écus d'engagements pour cette année, répondait-il à toutes mes observations.

Je le reconduisis jusqu'à la porte avec des paroles élevées sur l'intégrité des gens de lettres. Il ne semblait pas convaincu en me quittant. Je suis sûr que, dans l'escalier, il se sera dit :

— J'aurais dû lui offrir quinze cents francs.

Vous n'imaginez pas à quel point les saltimbanques ont le préjugé de la vénalité des gens de plume !

Pour en revenir à l'évêque de Madrid, il m'a paru que, dans son zèle apostolique, l'estimable prélat ne distinguait pas suffisamment les casseurs de crânes qui exhibent des demoiselles endormies dans des cages à lions d'avec les savants qui font des phénomènes de l'hypnotisme une étude critique et quotidienne. Le document religieux le plus important qui ait été promulgué en ces matières est une lettre encyclique qui a été adressée à tous les évêques par la Congrégation du Saint-Office en 1856. Elle est intitulée : « Lettre encyclique contre les *abus* du magnétisme. » Vous lisez bien, *abus* et non *usage*. Le Saint-Siège abandonne la question scientifique aux savants, il se réserve la question morale. Et si sa doctrine parle par la bouche de l'abbé Méric, professeur sorbonnien, elle est singulièrement tolérante. Elle prend pour porte-parole, non pas un théologien, mais un médecin, le D{}^r Barth, qui a dit :

« Très utile dans certaines formes de maladies nerveuses où l'on peut, grâce à ce puissant moyen, soulager des maux rebelles à toute médication, — inoffensif, lorsqu'il est appliqué avec mesure, dans un but scientifique, l'hypnotisme offre les plus sérieux dangers quand il devient un passe-temps à l'usage des oisifs ou un moyen, pour les gens nerveux, de satisfaire leurs besoins d'émotions ou leur recherche de sensations inconnues. »

Ne m'en veuillez pas de revenir ainsi tous les ans sur les dangers de l'hypnotisme pratiqué en dehors du cabinet du médecin et du laboratoire d'hôpital. Nous avons, nous autres, des exemples quotidiens des ravages que cette monomanie exerce à l'heure présente. Et comme l'homme est naturellement assoiffé de merveilleux, on croit voir des phénomènes miraculeux encore plus troublants qu'une vérité déjà étrangement mystérieuse, là où il n'y a, la plupart du temps, qu'exploitation de charlatanisme.

Ainsi avez-vous lu un fait divers qui a fait ces temps-ci le tour de la presse? On contait que le bataillon du 3e régiment d'infanterie de marine en résidence à Saintes, comptait parmi ses hommes un jeune soldat somnambule qu'on avait dû envoyer à l'hôpital de Rochefort. On prétendait qu'en état de sommeil ce jeune homme répondait avec beaucoup de lucidité à toutes les questions qui lui étaient posées. Il prédisait l'avenir. Il voyait à distance, c'était un somnambule merveilleux.

Et l'on rapportait à son sujet les trois anecdotes suivantes :

Une clef avait été perdue ; on la cherchait depuis longtemps sans pouvoir la découvrir. Le somnambule fut interrogé. Il indiqua un des recoins de la caserne. La clef y fut retrouvée.

Autre fait : Deux soldats du bataillon volaient le café de l'ordinaire qu'ils revendaient à une tierce personne ; plus de cent kilos de café avaient disparu. On ne pouvait mettre la main sur les coupables. A tout hasard on questionna le somnambule. Il désigna deux de ses camarades, qui furent reconnus pour les voleurs.

Mais ce somnambule extralucide avait fait mieux encore. En état de rêve, il avait déclaré qu'un détachement de son régiment, parti pour la Nouvelle-Calédonie, y était arrivé le 14 juillet et y avait débarqué à sept heures du matin.

On aurait télégraphié aussitôt pour s'assurer de ces déclarations et l'on aurait acquis la certitude qu'en effet le détachement était arrivé à destination le 14 juillet et à l'heure dite.

Ces racontars ont passé sous les yeux de M. le docteur Bérillon, rédacteur en chef de la *Revue de l'hypnotisme*. Aussitôt, le docteur a ouvert une enquête. Il a écrit à ses confrères de Rochefort, MM. Bourru et Burot, qui avaient le fameux «voyant» dans leur service.

Les médecins lui ont répondu que l'on se trouvait sans doute en face d'un somnambule naturel qu'il était aisé de mettre en état d'hypnotisme. Quant à sa « lucidité », il en fallait rabattre. Malgré de visibles tentatives pour *deviner*, le soldat ne voyait rien de ce qui se passait même dans la salle voisine. Et il s'était trompé dans toutes les expériences de la façon la plus grossière.

Ces constatations publiées dans un journal savant, lu par quelques initiés, n'a pas empêché la légende du soldat somnambule de faire sa route.

Du nord et du midi de la France des lettres ont plu à l'hôpital de Rochefort. On priait ceux qui avaient l'occasion d'approcher le miraculeux soldat de lui demander la cause, l'origine, le siège de maladies invraisemblables avec le moyen de les guérir. On voulait par son intermédiaire retrouver des objets égarés, voire des chien perdus. Un Italien pratique vit là un moyen de gagner tous les gros lots de la prochaine loterie de Milan. Il demanda au somnambule de lui désigner à l'avance, sous promesse du loyal partage des gains les numéros sortants. Le soldat s'attendait à recevoir un jour ou l'autre une lettre de Mgr de Madrid lui-même, demandant si vraiment les hypnotisés causent avec le diable, et si, comme de bons esprits le pensent, le Prince des Ténèbres porte sa queue en trompette.

Tandis que ce nouveau zouave Jacob était en train d'usurper une réputation imméritée, personne n'a pris garde à une communication autrement merveilleuse qui a été adressée au directeur de la *Revue scientifique* par M. Dufay. La renommée de l'expérimentateur, le recueil où son observation a été accueillie sans commentaire ne permettent pas, cette fois, d'émettre un doute sur la véracité de l'aventure.

A une époque où il était médecin du théâtre de Blois, M. Dufay eut l'occasion de donner ses soins à une jeune actrice, une soubrette, chez qui se produisaient fréquemment des accidents d'origine hystérique. La première fois que le docteur fut appelé près de sa malade, il la trouva assise sur un tapis près d'un grand feu. Elle avait déchiré ses vêtements. Elle déclara qu'elle se jetterait dans la flamme si on ne calmait pas la fureur qui la transportait. Comme elle parlait, subitement, une secousse brusque l'étendit sur le parquet, dans un état tétanique.

Le docteur Dufay la porta sur son lit et passa la main sur son front. Aussitôt la contracture musculaire disparut. Un déluge de larmes et de soupirs mit fin à la scène.

A partir de ce jour, il suffit au médecin d'ordonner à la jeune femme de dormir, ou même de fixer les yeux sur les siens, pour amener, à l'approche des crises, un calme parfait.

Un soir que M. Dufay arrivait au théâtre, il trouva au contrôle le directeur qui guettait sa venue avec anxiété.

Il avait interverti l'ordre du spectacle et renvoyé le *Caprice* à la fin de la représentation; un télégramme venait de l'avertir que sa *grande coquette* avait manqué le train pour se rendre de Tours à Blois.

Il comptait sur l'intervention de M. Dufay pour obliger la soubrette à jouer ce rôle.

— Le sait-elle au moins par cœur? demanda le médecin.

— Elle l'a vu jouer plusieurs fois, répondit le directeur désolé, mais elle ne l'a jamais répété.

— Lui avez-vous dit que j'étais disposé à l'aider?

— Je m'en serais bien gardé. Un doute sur son talent aurait suffi pour lui donner une attaque de nerfs.

— Eh bien alors, ne l'avertissez pas de ma présence. Je vais profiter de cette occasion pour faire une expérience intéressante.

Ce soir-là, M. Dufay ne se montra pas sur le théâtre. Il se plaça au fond de la salle dans une baignoire, dont le grillage demeura levé. Puis, se recueillant sérieusement, il eut la volonté énergique d'endormir la soubrette.

Il était alors dix heures et demie du soir.

A la fin de la représentation, le docteur apprit qu'à cette minute même l'actrice avait interrompu sa toilette. Elle s'était affaissée sur le divan de la loge et avait prié l'habilleuse de la laisser se reposer un moment.

Après quelques minutes de somnolence, elle se releva, acheva de s'habiller et descendit au théâtre.

Au fond de sa baignoire, le docteur n'était pas trop rassuré. Il ignorait ce qui s'était passé dans la loge de l'artiste. Mais à peine le rideau levé, dès l'entrée, à la démarche, à toute l'attitude de son sujet, il fut édifié sur le succès de l'expérience. La soubrette avait dans la mémoire ce rôle qu'elle n'avait pas *appris*, mais vu jouer seulement. Elle s'en acquitta à merveille.

« Je me demandais, a dit depuis le docteur, si ce n'était pas mon souvenir qui suggérait à la jeune femme, très médiocre actrice de son fait, d'imiter la façon dont j'avais vu jouer par M$^{lle}$ Plessy ce rôle de M$^{me}$ de Léry, si plein de finesse, d'esprit et de cœur. Etait-ce plus impossible que de l'avoir endormie à distance et à son insu? Il y avait d'ailleurs une autre suggestion que j'avais dû lui imposer inconsciemment, en lui ordonnant de jouer la comédie. C'était de se mettre en rapport avec les autres personnages de la pièce, puisque sans cela les somnambules ne voient et n'entendent que la personne qui les a endormies. »

Quoi qu'il en soit, une demi-heure plus tard le docteur dut réveiller son sujet pour qu'elle prît part au souper offert par le directeur ravi. La jeune femme se rappela alors qu'au moment où elle venait de mettre un de ses gants, elle s'était endormie sur le divan. Elle crut qu'on venait la chercher pour entrer en scène. Ce fut seulement à la vue de ses camarades qui la félicitaient de son succès qu'elle comprit ce qui s'était passé.

Je vous demande la permisson de clore cette histoire par deux réflexions.

La première, c'est qu'il ne faut point s'effrayer

outre mesure de la puissance qu'un magnétiseur peut prendre sur sa somnambule. Nous avons vu autrefois qu'il était possible de faire exécuter à une hypnotisée, dans un laboratoire, un crime dont on lui avait imposé la suggestion. C'est qu'ici tous les accessoires sont prêts, la mise en scène est réglée. De même au théâtre. Il est relativement facile de faire mouvoir un sujet endormi dans ces milieux où tout est préparé en vue du succès de l'expérience. Sortez le somnambule de ce décor bâti pour lui ; ce n'est plus qu'un être trébuchant et indécis, à la merci du hasard et seulement dangereux pour lui-même.

L'autre considération que je veux vous soumettre est d'un ordre infiniment plus pratique. Ne croyez-vous pas que le Conservatoire a fait son temps et qu'il serait bien plus simple, au lieu d'apprendre à des jeunes gens, dont quelques-uns sont bègues et bossus, comment on parle et comment on marche, d'utiliser les somnambules à la représentation des tragédies ? Il suffirait d'un bon magnétiseur pour tenir les fils de tous ces pantins. Ce serait une économie sérieuse pour le budget, et cela nous débarrasserait de la vanité cabotine, qui encombre un peu les trottoirs. Car, enfin, rien n'empêcherait le magnétiseur, au moment où il réveille son sujet, de lui suggérer l'idée qu'il est un parfait nigaud.

Ce serait là toute une révolution dans les mœurs de coulisse. Nos arrière-neveux la verront peut-être.

En attendant, M. Bodinier devrait bien nommer un peu le docteur Dufay semainier au Théâtre d'Application.

# LA NICOTINE

« Puisque vous étudiez la question des stupéfiants m'écrivait quelques jours après la publication de ces articles, M. le président de la *Société contre l'abus du tabac*, venez donc assister à notre assemblée générale.

« Vous entendrez M. le docteur Omer, professeur à la Faculté de médecine de Constantinople, traiter *De l'usage du tabac en Turquie*, M. le docteur de Neuve des *Intoxications nicotiniques*, M. le docteur Depierris *Du tabac et de la dépopulation de la France...* »

Je suis allé jusqu'au seuil de cette réunion, et — dois-je l'avouer? — je suis resté dehors, comme ces mauvais fidèles en qui vacille encore une lueur de conscience mais qui chérissent si fort leur péché, que, dans la crainte de la contrition, ils demeurent, les jours de prédication à la porte des églises.

D'ailleurs, je me suis dit qu'il faut juger les hommes — les philanthropes comme les autres — non point sur leurs discours, mais sur leurs œuvres. L'occasion était admirable, tandis que tout l'état-major se congratulait en séance solennelle, d'aller voir un peu dans les bureaux de la Société si le personnel ne profitait point de la circonstance pour en « griller quelques-unes ».

38, rue Jacob, au premier étage, un petit appartement sur la cour. Cela sent l'évier et la paperasse moisie — moi je préfère le parfum du tabac turc, mais enfin, des goûts et des odeurs, il est entendu qu'on ne discute pas. Le personnel de la Société est composé d'un seul employé, M. X..., archiviste. Je dois à la vérité de reconnaître que M. X... ne fumait pas. On a dû exiger de ce pauvre jeune homme quelque serment solennel. Songez donc au mauvais effet que cela produirait sur les souscripteurs, si, les jours où ils passent à la caisse, l'archiviste les recevait avec le brûle-gueule de Giboyer dans les dents.

Je regarde cette malheureuse victime de la philanthropie avec un peu de la commisération et de l'involontaire mépris qu'inspire aux mécréants la chasteté des séminaristes. J'ai une folle envie de lui demander :

— Dites donc, monsieur l'archiviste, quand vous êtes assis chez vous, le soir, en pantoufles, devant votre feu, n'avez-vous pas toujours sous la main quelques brochures de propagande pour en allumer votre pipe?

Mais j'ai trop de délicatesse pour obliger cet adolescent à rougir de sa servitude et je me contente de lui demander si vraiment les zélateurs de la Société pratiquent tous l'abstention qu'ils prêchent?

Alors l'archiviste jette vers la porte un coup d'œil timide, et après s'être assuré que nous sommes bien seuls :

— Monsieur, me répond-il, il n'y a pas deux ans que le docteur B..., président de notre comité des finances, est mort de l'excès du tabac. Vous trouverez son oraison funèbre dans la collection des bulletins à l'article nécrologique.

En effet, la *Société contre l'abus du tabac*, comme toutes les Sociétés qui se respectent, a son organe périodique ; ce sont trente petites pages de comptes rendus mensuels, publiés sous une couverture que décorent les deux faces de la médaille décernée aux lauréats des concours. Cela représente une Vérité sortant d'un puits pour fouler aux pieds un monsieur tout nu. Au second plan, on aperçoit un objet brisé que j'avais pris tout d'abord pour une pipe.

— C'est bien cela, pensais-je, la Société contre l'abus du tabac, terrasse le fumeur et l'oblige à *casser sa pipe*.

En y regardant de plus près, j'ai découvert qu'il s'agissait non d'une pipe, mais d'une cornue à distiller, et je suis bravement entré dans les commentaires de cette image symbolique.

J'ai dévoré, pour mon édification et pour la vôtre, d'abord toute une armée de bulletins, puis une pile de brochures : les *Effets du tabac sur l'âme*, du docteur Depierris; l'*Hygiène des fumeurs*, du docteur Druhen; le *Tabac et le Soldat*, de M. E. Decroix, ancien vétérinaire de l'armée, etc., etc.; enfin, un des mémoires dernièrement couronnés, celui de M. Auguste Galopin. Et je suis prêt à faire publiquement l'examen de conscience que M. le président Decroix exige de tout fumeur honnête homme.

J'avouerai donc que j'ai commencé à m'envelopper la figure de fumée, environ à l'âge de douze ans. L'attrait de cet exercice était double pour moi : on m'interdisait de fumer et j'estimais cette pratique comme un acte essentiellement viril. D'ailleurs, il n'entrait presque point de tabac dans mes essais. J'allumais dans des pipes des fleurs de violettes séchées; je taillais en longueur de cigares des branches de vigne vierge et des rotins. Tous les joncs de la maison y passaient. Ce que j'ai fumé de cannes et de manches de fouet, entre douze et quinze ans, cela est incalculable !

Ce subterfuge avait à mes yeux un double avantage : il me permettait d'éviter la désobéissance formelle, *je ne fumais pas de tabac*, et, d'autre part, je jouissais sans remords des apparences du péché.

De quinze à dix-huit ans, grillade de quelques paquets de cigarettes sur la route du collège. Je ne prends encore à cet exercice aucun plaisir positif. Il est si vrai que la désobéissance est au début le seul plaisir de l'enfant fumeur, que les internes de collège s'enferment, vous savez bien où, pour consommer le péché.

Dix-huit ans ! Me voilà homme, libre de fumer ou de ne point fumer, à ma guise.

Le camarade dont je partage le logis d'étudiant a placé au mur, au-dessus de notre table de travail, un magnifique râtelier à pipes. Il « culotte » du matin au soir; il fume à la tâche pour réussir une « écume ». Je le regarde avec admiration à cause de mes essais douloureux. J'ai le souvenir d'horribles migraines, d'un vertige, plus affreux que l'angoisse du tangage, qui a suivi ces expériences. La délicatesse de mon estomac me fait un peu honte. Il me semble qu'il serait *viril* de triompher de cette intolérance. Et je me mets tout doucement au régime de la pipe en bois, ces pipes légères de Bussang qui sentent bon le merisier et la violette. Au bout d'un mois je puis aborder la pipe d'écume; au bout d'un an d'efforts, j'entrevois le jour où j'accrocherai, moi aussi, au râtelier, la pipe du maître timonier, la pipe en terre, le « Jean Bonnaud » de Marseille.

Et voilà dix ans que nous veillons ainsi de compagnie, ma lampe, mon encrier, mon pot à tabac et votre serviteur. Quand la plume est lasse de courir depuis des heures, tout d'un coup, d'elle-même, elle me tombe des doigts, et, sans que ma volonté ait besoin d'intervenir, ma main va fouiller en tâtonnant sous le couvercle, dans la fraîcheur du blond tabac, père des rêves. J'ai acquis, dans des milliers d'expériences, le tact de saisir la pincée exacte qu'il me faut. Je la couche dans la petite chemise de papier blanc, et, sous le roulement des doigts, elle s'allonge, s'habille.

Et mon plaisir encore aujourd'hui, après des années de libre pratique, ce n'est pas l'absorption de la fumée elle-même, c'est ce petit repos machinal au milieu du travail, ce retour d'une sensation connue, cette halte de l'attention.

Je crois volontiers que les priseurs doivent éprouver ces jouissances à un degré plus élevé encore. M. Auguste Galopin en a fait une analyse admirable :

« La jouissance du priseur, dit-il dans son mémoire, se divise en un grand nombre de temps : il pense à la prise qu'il va prendre ; il porte nonchalamment la main droite dans la poche gauche de son paletot, il saisit sa tabatière à pleine main, il la presse et la repasse doucement dans la main gauche qui s'impatiente, il la caresse huit ou dix secondes avec les faces palmaires des auriculaire et annulaire ; il l'ouvre avec le pouce droit, qu'il plonge bientôt, en compagnie de son index, dans la poussière brune. Il la remue amoureusement, jusqu'à ce qu'une bonne pincée de tabac vienne s'appliquer, à l'aide du doigt, sur la face palmaire du pouce; là, de légères pressions de l'index droit aplatissent la prise sur le pouce élargi. Quand le tas est bien homogène, il est porté sous l'ouverture des deux narines frémissantes qui l'engloutissent avec amour. Le pouce droit va aussitôt s'appliquer sur la deuxième articulation du majeur, l'index retombe triomphalement sur le point d'insertion de ces deux doigts et fait entendre un claquement sec, caractéristique. Puis la main droite tout entière, s'unissant au pouce gauche, s'abat sur le couvercle de la tabatière, plus ou moins bruyamment, suivant l'humeur bonne ou mauvaise du priseur. »

On peut se tromper, mais il me semble que dans cette page la jouissance du priseur est analysée non du *dehors* mais du *dedans*. Est-ce que M. Auguste Galopin se fourrerait du tabac dans le nez? En ce cas, je n'hésite pas à lui retourner toutes les injures qu'il adresse aux fumeurs dans des prosopopées magnifiques.

N'a-t-il pas imaginé, par exemple, de détacher les femmes de nous! Comme si un fumeur modéré, soigneux de soi-même, un homme qui passe quotidiennement au tub et qui parfume un peu sa moustache, ne sentait pas beaucoup moins mauvais que la majorité des électeurs non fumants!

« Oh! mères de famille, s'écrie pourtant M. Galopin dans le mémoire couronné, mères qui avez des filles, préservez ces anges de candeur et d'innocence du contact impur et nauséabond de ces légions d'inutiles et de sans-cœur qui transformeraient les chambres et les salons de leurs femmes en tabagies infectes, le berceau de leurs enfants en lits d'insomnie et de désordre nerveux... Est-ce qu'il aime votre enfant, ce beau prétendant qui préfère sa cigarette? Est-ce que c'est un homme de volonté, l'homme de vingt-cinq ou trente ans qui dit ne pouvoir renoncer au tabac? Est-ce que c'est un homme de cœur ce père de famille qui énerve et tue lentement sa femme et ses enfants avec l'indifférence d'un homme qui jette son allumette en feu sur la robe d'une dame qui passe quand son cigare est bien allumé. »

Voilà de l'éloquence. Mais ne trouvez-vous pas que le lauréat des antitabaquistes confond un peu les questions. Il ne faut point lui en vouloir, cette mauvaise foi est touchante chez les gens de foi. La lecture des faits divers recueillis par M. Galopin est à ce point de vue tout à fait divertissante. Il cite l'imprudence d'un cultivateur de Landas, lequel paria qu'il avalerait sa pipe, dont le tuyau avait dix centimètres de long. Il avala, rendit sa pipe intacte, mais mourut huit jours après. Je ne vois pas trop, pour ma part, en quoi le tabac peut bien être incriminé dans cette folie? Cet imbécile aurait avalé un crochet à bottines qu'il serait mort tout aussi sûrement. De même, quand on me conte sous ce titre alléchant : *Suites d'une noce*, que M$^{me}$ B..., une jeune femme, mariée le matin même, a été grièvement brûlée aux jambes dans l'incendie de son voile de mousseline allumé par un fumeur, je suis désolé pour M. et M^me B... de ce triste contretemps, mais ce n'est pas la régie des tabacs, c'est la régie des allumettes que j'accuse. Pourquoi diable ses allumettes prennent-elles ?

L'inconvénient de ces exemples inconsidérés et de quelques autres de même couleur, c'est de diminuer tout à fait la foi du lecteur quand on arrive à la partie scientifique du livre, à l'énumération des maladies auxquelles s'exposent les clients du tabac. C'est à savoir : la surdité, la cécité, l'inolfaction, les cancers des lèvres, de la langue, des joues, du nez et de l'estomac, les fistules lacrymales, les tumeurs, les angines de poitrine, l'empoisonnement, la folie paralytique et le nicotisme professionnel, la stomatite, la pharyngite, etc., etc.

La statistique prouve que la France se dépeuple ? — C'est le tabac, répond M. Auguste Galopin. La société constate un relâchement de la politesse. — C'est le tabac. Le nombre des crimes augmente. — C'est le tabac. Comment en douter après qu'on a lu dans la brochure de M. le docteur Depierris la réponse de Lebiez à Barré.

Les deux assassins venaient de mimer, sur l'ordre des magistrats, la scène du crime. Cette pantomime finie, Barré regarda son complice et lui dit : « Tu ne m'en veux pas de t'avoir dénoncé ? » Lebiez haussa les épaules et répondit : « Non... je ne t'en veux plus... passe-moi du *tabac!* »

Chacun sait que Lebiez fut un peu cynique. Pour nous, qui sommes sûrs de ne jamais assassiner aucune vieille femme, continuons, mes chers amis, à fumer sans excès. Eteignons nos allumettes avant de les jeter par terre; résistons une fois sur deux à la tentation de rouler la cigarette. A ce prix, nous serons en paix avec la société et avec nous-mêmes.

## IV

## L'ALCOOL

Le livre médical, qui, autrefois, n'entrait que dans les bibliothèques des spécialistes, est en passe de conquérir tout le public des lecteurs de romans. Jetez les yeux sur l'étalage d'un marchand de livres à la mode, et prenez la peine de lire les titres qui accrochent l'œil, vous serez étrangement surpris de voir qu'un bon tiers de la montre est occupé par les ouvrages de docteurs authentiques, plus ou moins médecins des hôpitaux de Paris. La vogue de l'école naturaliste, des fameuses théories qu'André Gill avait, dans une parodie célèbre, résumées en ces deux mots : « Document, médicament », tout cela a singulièrement contribué à élargir l'essor de la littérature médicale. Une foule de médecins ont planté dans l'arbre généalogique des Rougon-Macquart des greffes qui sont devenues tout à fait drues. Et le public s'est dit :

Puisque le renseignement psychologique fait toute la trame du roman contemporain, il vaut mieux l'étudier dans les livres des hommes spéciaux qu'à travers les fictions des littérateurs.

Croyez que cette concurrence aura le bon effet de tout remettre en sa place : les romanciers laisseront les médecins disserter sur les lois de l'hérédité, et ils se rattelleront, très dispos, aux études de psychologie injustement plantées là.

En attendant, quelques-uns dont je suis, ne laissent pas échapper un seul de ces livres documentaires, médecine légale, hygiénique, hypnotique, sociale; et c'est au milieu de l'étude des statistiques de M. Marambat, le greffier de la prison de Sainte-Pélagie, sur l'*Alcoolisme et la criminalité*, que m'est arrivé le livre du docteur Piéchaud, les *Misères du siècle*, auquel M. Jules Simon a mis une préface retentissante.

Vous tous qui ouvrez chaque soir les journaux et qui avez la sagesse de ne point négliger la lecture des « faits divers » vous avez sûrement remarqué avec quelle fréquence se succèdent depuis plusieurs années les crimes commis par des fous alcooliques. Le revolver des aliénés ne nous donne pas le temps de respirer; c'est une rubrique toujours ouverte : Après Padrona, Aubertin, puis Mimault, puis Viel; puis Lucas, le meurtrier de Louise Michel. Et une fois arrêtés, tous ces tueurs d'hommes dénoncent la même complice : l'absinthe.

Le docteur Piéchaud fait belle part dans son livre à cette question de l'alcoolisme. Elle intéresse tout le monde : les savants, les moralistes, les hommes politiques, les simples passants de la rue, qui veulent que la sécurité des trottoirs soit sauvegardée. Les cas qui sont cités dans les *Misères du siècle* sont curieux, ils m'ont rappelé les exemples dont j'ai été témoin l'année dernière, lorsque M. le docteur Paul Garnier a bien voulu m'admettre à sa consultation du Dépôt.

Sur six fous que j'ai vus défiler entre deux gardiens, il y avait quatre alcooliques : un camelot qu'on avait arrêté le couteau à la main dans le marché de la place du Trône, un garçon brasseur qui, dans la nuit, avait mis le feu à son mobilier, un employé de commerce qui avait voulu jeter sa femme par la fenêtre, et un marin breton, une espèce de robuste frère Yves, qui avait rossé le mastroquet, les consommateurs, les gardiens de la paix, le commissaire de police et son secrétaire, et qui, vingt-quatre heures après l'accès, ne savait pas trop au juste s'il se réveillait à fond de cale ou dans un cabaret.

Il prenait le docteur Garnier pour un *marchand d'hommes*, il voulait lui faire « son affaire ».

— Tu n'auras jamais un sou de moi, hurlait-il d'une voix rauque, tu entends, pas un sou ! et prends garde à ta peau, si tu fais inscrire la dette sur les « rôles » de mon navire !

Il avait son grand bras menaçant. Il aurait meurtrièrement frappé si on ne l'avait tenu aux quatre membres.

L'ancien ivrogne ne connaissait pas ces colères tragiques. La sagesse de Confucius recommande encore aujourd'hui au mandarin qui veut atteindre la parfaite sagesse la pratique de la gourmandise et de l'ivrognerie : « Elles disposent à l'indulgence, » disent les belles sentences du législateur. Et nous voyons qu'il y a seulement une trentaine d'années on était encore de cet avis-là chez nous. La poésie bachique tenait dans la poésie lyrique une place d'honneur. Elle n'était jamais lasse de retracer le portrait de l'ivrogne, de louer sa belle humeur, l'éclat de son teint, les « rubis » de son nez. C'était une tradition gauloise que la « dive bouteille » était source authentique de génie et d'optimisme : « Quand j'ai bien bu et bien mangé, » dit Sganarelle, « je veux que tout le monde soit content dans ma maison. »

L'ivrogne a disparu avec le vin ; aujourd'hui le buveur est un alcoolique, un homme à mine terreuse, dont la tête est lourde, dont les mains tremblent, qui a dans l'œil la flamme de la folie ; en fait de chansons, il ne connaît plus que les hurlements, c'est un être en qui la colère gronde toujours ; il voit rouge quand son verre est vide.

Et le cadre où le buveur se plaît s'est modifié comme le buveur lui-même. Le cabaret était joyeux, ouvert, il aimait le plein air, les tonnelles, la cour plantée d'arbres où l'on pouvait danser en rond. Le

« débit » est fermé à la lumière, comme une maison de débauche ; ses rideaux rouges empêchent le gendarme, défenseur désarmé de la loi sur l'ivresse, de regarder dans l'intérieur de la maison ce qui se passe.

J'ai connu rue Racine, avant l'établissement de la nouvelle École de médecine, un de ces lieux d'empoisonnement. On l'appelait la « Maison Comte ». Un certain nombre de vieux répétiteurs de droit, des commerçants du quartier, un interprète polonais se réunissaient là le soir, pour boire jusqu'à ce que raideur s'ensuivît.

Il y avait une arrière-boutique, éclairée par un jour de souffrance où Comte et son garçon transportaient leurs clients à mesure qu'ils tombaient à plat. On les étendait tout simplement le long du mur, côte à côte, comme des fusillés dans une fosse commune.

A deux heures du matin, trois voitures, toujours les mêmes, venaient s'aligner le long du trottoir. C'étaient d'ignobles fiacres de nuit pourvus de galeries, attelés de rosses inégales. Comte hissait là dedans le sommeil de ses clients. Le garçon montait avec les trois plus malades, à peu près comme le pion que nous voyons assis contre la portière des omnibus d'institutions qui reconduit les élèves à domicile. Et les voitures se mettaient en route. Les clients de Comte étaient abonnés « à la voiture ».

Comme beaucoup d'inventions pratiques, cette reconduite à domicile est une institution américaine. J'ai eu dans les mains la carte d'abonnement d'une société d'intempérance newyorkaise. C'était un petit carton rond, semblable à ceux que les assidus du concours hippique portent à leur boutonnière. Les membres de ce club d'ivrognes se rendent tous les soirs dans un certain nombre de bars désignés par les statuts. Là, ils s'enivrent consciencieusement ; toutefois, avant de boire, ils ont soin d'attacher à leur habit la carte d'abonnement qui porte leur nom et leur adresse.

Vers minuit, les employés du club font la tournée des bars. Ils cherchent sur et sous les banquettes leurs abonnés en détresse : ils les ramènent à domicile. De cette façon on évite le scandale, l'intervention du policeman et celle des pickpockets qui, sous couleur de soutenir les zigzags d'un gentleman, fouillent à loisir dans ses poches.

Zola a fait, dans l'*Assommoir*, une peinture définitive de l'ouvrier alcoolique. Je m'étonne que personne n'ait encore songé à transporter l'étude de ce vice dans un milieu où il est encore plus répugnant, parce qu'il y est moins excusable et qu'il y cause plus de scandale : le milieu bourgeois.

Il y a mille raisons pour qu'on rencontre moins d'alcooliques dans la classe aisée que dans le peuple ; celle-ci d'abord lequel n'a rien de moral : le bourgeois, qui a plus d'argent que Coupeau, boit de l'alcool moins meurtrier que l'habitué des débits. D'autre part, son éducation, sa culture d'esprit lui procurent la jouissance de plaisirs plus relevés que l'ivresse.

Surtout il a plus de goût à rentrer dans sa maison, où la table est bonne, la chaleur égale, le mobilier confortable, que l'ouvrier n'a de hâte de reprendre le chemin de la chambre, où une ribambelle d'enfants piaillent dans la fumée de la soupe. Enfin la bourgeoise que n'aigrit point la lutte trop difficile et que le travail physique n'enlaidit pas, est plus longtemps belle à voir que la femme du peuple, et par cela même plus longtemps aimée.

Il surgit pourtant dans ces intérieurs d'apparences si calmes, le drame terrible de l'ivrognerie. Tous nous en avons dans la mémoire ou sous les yeux des exemples tragiques.

Je me souviendrai toute ma vie d'un homme aimable que j'ai connu dans mon enfance. C'était un magistrat instruit et de bel usage. Il était modéré en toute chose, ne buvant que de l'eau à ses repas.

Un jour, on nous annonça brusquement la nouvelle de sa mort. On l'avait ramassé étendu dans le ruisseau, une nuit d'hiver, tué par une congestion cérébrale. Et alors seulement, nous apprîmes toute l'histoire.

Cet homme raffiné s'enfermait quotidiennement pour boire, boire jusqu'à l'ivresse qui roule sous la table. Sa femme vivait dans l'épouvante d'un scandale, et cela lui avait fait les cheveux tout blancs au milieu de la jeunesse. Le fils aîné jouait, faisait des dettes, glissait sur la pente des indélicatesses irréparables. Longtemps, nous étions demeurés surpris de la faiblesse du père pour un enfant qui compromettait l'honneur du nom. Avec la nouvelle de la mort de l'ivrogne, au bord du trottoir, tout le mystère nous fut révélé.

Un autre, — celui-là était un industriel qui occupait des milliers d'ouvriers, — avait pris, dans la fréquentation de ses forgerons, l'habitude de l'ivresse. Tous les soirs, après le roulement de voiture qui le ramenait, sa jeune femme entendait une sinistre montée d'escalier, des paroles sans suite, scandées par les jurons des domestiques. Elle se consolait comme elle pouvait de sa déception, par l'étourdissement d'une vie opulente, les bals, le cheval, les chasses.

Pendant ce temps, les affaires allaient de mal en pis. Un beau matin, les actionnaires, indignés prirent rendez-vous à la fabrique pour demander des comptes.

On attendait le coupable; il ne descendait pas. La veille, il était rentré ivre, comme de coutume. Il cuvait encore son vin dans sa chambre.

Un vieil employé de la maison vint respectueusement avertir madame de ce qui se passait. Elle se leva épouvantée : jamais la pensée de la ruine ne s'était présentée à son esprit. Elle monta chez son mari. Elle le supplia de revenir à lui. Elle trouva un homme dans la stupeur, qui lui répondit par des monosyllabes et des larmes d'enfants.

Alors, elle ramassa son courage; elle descendit elle-même dans la salle du conseil :

— Messieurs, dit-elle, mon mari vous prie de l'excuser ; il est dangereusement malade, il ne peut venir au milieu de vous.

La plupart des hommes qui se trouvaient là étaient des gens de bonne compagnie ; elle dansait chez eux ils soupaient chez elle. Jamais ils ne lui avaient montré que prévenance et galanterie. Mais cette fois, la crainte de perdre leur argent les avait subitement dépouillés de toute politesse, et tandis que pour ne pas tomber elle s'appuyait à la muraille, un des hommes, plus excité que les autres, sortit du groupe ; et, s'avançant vers elle, son chapeau sur la tête, les bras croisés, il lui jeta dans la figure :

— Vous mentez, madame, votre mari n'est pas malade ; il est saoul !

L'autre jour, un samedi de paye, dans un quartier populeux, j'ai vu passer ce couple désolant : un ouvrier en ribote qu'une fillette de dix ans emmenait par la main.

Elle était venue le prendre au cabaret, sans doute envoyée par la mère. Si petite, elle le tenait sous le bras, elle essayait de le supporter. Il se laissait faire, les jambes flageolantes, la tête dodelinant en arrière, un vague défi dans les yeux.

Des gamins suivaient, ils riaient à gorge déployée, car, toutes les fois que l'on passait devant un cabaret, l'ivrogne s'arrêtait une seconde, et par ses grognements, sa pantomime, il faisait comprendre qu'il voulait encore entrer là.

— Viens, répétait la petite, viens.

Et elle tirait, sans se lasser, maternelle, avec, sur sa figure baissée, la honte d'un tel retour au logis.

C'était un spectacle cruel, je vous jure ; car la douleur morale des enfants accuse la justice ; pourtant, malgré tout, la blouse de l'ouvrier rendait cela moins odieux que n'eût fait la redingote du bourgeois, — tant nous avons foi dans l'éducation pour élever le niveau des âmes !

# LE DÉNOUEMENT

## I

### PSYCHOLOGIE D'ASSASSINS

On a vendu ce printemps, sur les boulevards extérieurs une mauvaise image qui représentait Alorto dans sa cellule. Le meurtrier de la rue Poussin était très populaire de Montmartre à la Villette. Vous l'avez rencontré vingt fois traînant sur les bancs, pendant les bordées de fainéantise et les accidents de chômage, où il lâchait son rude métier de chauffeur. C'est un robuste garçon à encolure de lutteur. Il porte les cheveux tout plats sur le front, coupés droit et formant le carré. Vers les tempes, une barre volontaire se creuse au-dessus des sourcils, fournis, saillants, qui enveloppent d'ombre l'œil clair ; et dans toute la figure rasée, seule, une petite moustache élégante est soigneusement relevée des pointes. L'expression d'Alorto n'est pas du tout d'une brute. C'est plutôt la résolution mélancolique qui peut aussi bien se résoudre dans une romance de Tosti qu'aboutir à une mauvaise action. Enfin, un de ces beaux gars sur le passage de qui l'on se retourne avec un peu d'effroi instinctif et d'obscure admiration de la beauté animale.

Si je parle ici d'Alorto et de ses compagnons, ce n'est pas, on l'imagine du reste, pour plaider une cause détestable. Alorto lui-même s'attend au châtiment. Mais c'est pour mettre en garde l'opinion contre certains récits fantaisistes qui ont singulièrement accru la colère publique contre les assassins du malheureux Bourdon. Le désir de raconter des histoires bien dramatiques, bien émouvantes, égare parfois les gens de notre profession. On ne réfléchit pas assez aux conséquences lointaines. Dans le cas particulier, il s'agit de faire tomber une ou plusieurs têtes, cela vaut pourtant la peine qu'on y réfléchisse.

Les crimes émeuvent l'opinion, surtout en proportion du péril qu'ils font courir à la société. Quand la « Chinoise » est assassinée par un de ses clients, les honnêtes gens n'en sont pas autrement épouvantés. Ces rixes, ces drames, ces batailles d'ivrognes et de filles se passent loin d'eux. Ils sont certains de ne s'y trouver jamais mêlés. Au contraire, le crime d'Auteuil devait effrayer beaucoup de gens. D'abord psychologiquement : quel est celui d'entre nous qui, le jour où le hasard l'a fait coucher dans la maison isolée, n'a pas été tourmenté par ce cauchemar de la fenêtre qui s'ouvre, des assassins qui se glissent à pas de loup jusqu'au pied du lit, de la lanterne sourde qui frappe au visage en même temps qu'un couteau fouille le cœur ? — Puis ce crime était fait pour causer aux propriétaires de sérieuses inquiétudes. Où trouver désormais des gardiens pour les maisons qu'on abandonne pendant les villégiatures d'hiver et d'été, avec de l'argenterie dans les buffets et des obligations dans les tiroirs ?

Pour toutes ces raisons, quand les assassins de la rue Poussin n'auraient pas tué Bourdon lâchement, *inutilement* dans son lit, mais l'auraient assommé dans une résistance armée, pour la défense de la maison qu'il gardait, on aurait été très excité contre les malfaiteurs, on aurait réclamé un châtiment exemplaire.

Vous jugez donc quels fruits a portés dans un pareil terrrain, l'histoire macabre des assassins dansant autour de l'agonie de Bourdon.

Tous les gens que j'ai entendus parler du meurtre, disaient :

« Quelle histoire atroce ! Espérons que, cette fois, les jurés ne se laisseront pas attendrir. Ces meurtriers ne sont pas des hommes, ce sont des bêtes féroces. »

On allait jusqu'à regretter tout haut l'abolition de la torture.

Il n'en est pas moins vrai que cette histoire de ronde infernale, ces souvenirs de la *Tosca*, ces bougies allumées sur le cadavre pour une parodie abominable, sont des *inventions de reportage*. Supposez qu'au lieu de toute cette fantasmagorie il se soit simplement passé ceci : des voleurs sont entrés, pour la piller, dans une maison qu'ils croyaient vide. Ils ont trouvé un gardien. Ils l'ont tué par crainte de dénonciation. Leur action est assez criminelle par elle-même. Il n'est pas utile de les noircir davantage — pour l'honneur de l'humanité.

Tout le monde comprend qu'elle est périlleuse, cette théorie de la pitié quand même, qui refuse de croire à la scélératesse et ne veut voir partout que des malheureux. Il ne faut pas oublier pourtant qu'une des conquêtes dont le dix-neuvième siècle a le droit d'être le plus fier, c'est l'effort qu'il a fait pour comprendre toutes les faiblesses, toutes les misères, et proportionner les rigueurs de sa justice relative à des responsabilités relatives. Nous avons reconnu que l'homme n'opère point dans l'absolu. Le criminel a été un des premiers à bénéficier de cette indulgence. Des moralistes, des médecins, l'ont démontré ; l'homme qui n'a été voué au crime par aucune hérédité mauvaise, qui n'a pas été dépravé dans l'enfance par une éducation perverse, placé à l'époque de la liberté adulte entre l'honnêteté et le crime, ne choisit presque jamais le mal. C'est la vieille doctrine autrefois prêchée par Socrate à ses disciples : « Il n'y a pas de méchants, il n'y a que des ignorants. »

Or, il est à remarquer que ceux-là qui approchent de plus près les criminels sont portés à les juger avec moins de rigueur. Je comprends que l'on soit en défiance des appréciations d'un homme de lettres, toujours suspect d'imagination, de partialité romanesque, de paradoxe et dans l'occasion de donquichottisme. Mais dans le cas particulier d'Alorto et de ses compagnons, que pourriez-vous opposer aux remarques du brigadier Rossignol, qui a suivi l'affaire dès la première heure et qui, depuis, a vécu presque quotidiennement avec les prisonniers? Celui-là aurait pourtant le droit d'être plus sceptique que la foule. Il a payé de son sang, en plus d'une rencontre, l'audace d'avoir serré des malfaiteurs de trop près.

Un bon hasard — il y a toujours beaucoup à apprendre avec ceux qui voient les hommes de près — m'a justement fait rencontrer le fameux policier. Naturellement nous avons parlé de sa dernière « affaire », l'assassinat d'Auteuil.

— Eh bien! lui dis-je, vous avez vu ces monstres de près? A quoi ressemblent-ils?

— Mon Dieu, me répondit-il, je vous avouerai tout franc que je suis bien fâché de voir l'opinion si excitée contre eux, surtout en ce qui regarde Alorto. C'est la faute de la presse. On a raconté sur ces gens-là des histoires invraisemblables et horribles : la danse, l'illumination autour du cadavre. A cette heure la légende est faite, on aura beaucoup de peine à la détruire. Et cela a toutes sortes d'inconvénients : d'abord, pour le public que l'on a effrayé inutilement ; ensuite, pour les criminels eux-mêmes. Les jurés qui seront appelés à les juger vont apporter aux assises une opinion préconçue et une provision inutile de rigueurs. Jugez-en vous-même.

Et voici ce qu'il me conta :

« Le 19 mars dernier, deux agents de la paix en bourgeois, qui longeaient l'aqueduc d'Auteuil croisèrent quatre hommes d'assez mauvaise mine et chargés de paquets. Ils les interpellèrent :

« — Qu'est-ce que vous portez-là ?

« — Des journaux.

« Peu satisfaits de cette réponse, les agents se jettent sur les quatre rôdeurs. Deux prennent la fuite. On a su plus tard que c'étaient Catelain et Sellier. A ce moment, trois gardiens de la paix, attirés par les cris de leurs camarades, arrivent à la rescousse. Ils ne parviennent pourtant point à empêcher Mécrant de s'échapper et c'est à peine si, à eux cinq, ils peuvent capturer Alorto qui leur oppose une résistance désespérée.

« Le procès-verbal a constaté qu'à cette minute les gardiens avaient essuyé deux coups de feu. On ne sait pas encore par qui ces balles ont été tirées. Ce ne peut être une attaque des trois fuyards. Mécrant.

Catelain et Sellier qui, à ce moment-là, étaient au moins à cinq cents mètres de distance. Les coups ont été tirés de si près que les vêtements des agents furent brûlés par la poudre. On suppose qu'un des nombreux malfaiteurs qui se cachent la nuit entre les piles de l'aqueduc a pris fait et cause pour Alorto contre les gardiens.

« Ceux-ci, exaspérés, se vengèrent sur leur prisonnier en l'assommant. Ils lui ont cassé le nez, comme ils avaient fait pour Prado, dans le poste même des Champs-Elysées.

« Conduit devant le commissaire de police d'Auteuil et sommairement interrogé, Alorto déclara qu'il s'appelait Raoul et qu'il arrivait de Belgique.

« Aussitôt on télégraphia au procureur de la République et M. Guillot fut chargé de l'instruction, à cause de la tentative de meurtre contre les agents.

« Le prisonnier était encore enfermé dans le poste d'Auteuil quand une nouvelle terrible pour lui fut apportée au commissariat. Des jardiniers venaient conter qu'ayant inutilement attendu pendant toute la matinée leur camarade Bourdon, gardien de la villa Chabaud, ils avaient passé par-dessus la grille du jardin pour aller prendre de ses nouvelles ; une fenêtre du rez-de-chaussée, fraîchement fracturée, leur avait livré passage. En entrant, dans le vestibule de la maison, ils avaient trouvé Bourdon étendu raide sur son lit, assassiné. »

Aussitôt une seconde dépêche fut envoyée au procureur qui pria M. Goron de se rendre à Auteuil en compagnie des brigadiers Rossignol et Jaume.

« Vous le devinez bien, me dit Rossignol, notre première pensée fut que l'homme arrêté était l'assassin du jardinier. Le butin dont on l'avait trouvé porteur laissait peu de doute à cet égard. Mais comme la journée était avancée, nous mîmes Alorto dans un fiacre et nous le ramenâmes au Dépôt, tout en causant et en fumant des cigarettes. »

— Comment, mon cher Rossignol? sans menottes, les mains libres... après sa résistance désespérée?

— « C'est mon système, dit le brigadier. Je connais bien ces gens-là. Il ne faut pas les prendre à la rigueur, mais se faire camarade avec eux pour obtenir des aveux. Ainsi, au bureau de l'Horloge, je me suis fait enfermer avec Alorto dans la cellule, et je l'ai travaillé de toutes les façons. Je ne lui refusais rien de ce qu'il demandait, du tabac, des canettes. Il n'a pas abusé de ma bonne volonté, il n'est pas buveur. Il ne voulait pas entendre parler de l'histoire d'Auteuil et ne consentait à causer que sur des sujets indifférents. Pourtant, le lendemain, comme je le ramenais en fiacre à Auteuil pour les constatations, tout d'un coup, quai de Billy, il s'arrêta au milieu de sa phrase et, par la portière, me montra du doigt un un homme en blouse qui nous tournait le dos.

— « C'est lui? » fis-je en m'élançant sur le marchepied.

Il dit oui de la tête et moi je sautai à bas de la

voiture. Je me jetai sur l'homme. Non ! je n'ai jamais vu un individu plus ahuri.

— Qu'est-ce que vous me voulez ? criait-il ? je suis un marchand de volailles ! un honnête homme. J'attends ma mère à la descente du bateau.

« Je me retournai vers la voiture. A la portière, Alorto faisait signe qu'il s'était trompé. Mais je retins de cette algarade qu'un des complices portait la blouse longue, qu'il avait la taille, l'encolure du marchands de poulets. Et c'est un signalement qui a servi par la suite. »

J'ai en ce moment sous les yeux la photographie qui représente le malheureux Bourdon assassiné. A moitié vêtu, il est couché sur un lit-cage, jambe de-ci, jambe de-là. Comme il avait froid pendant la nuit du 19, le jardinier avait été chercher dans une armoire de vieux vêtements à M. Chabaud. Il s'en était couvert. Ils sont encore placés au pied du lit. Une savate traîne à terre ; un flambeau de bronze avec une bougie, à demi consumée, est placé près de l'oreiller sur une chaise de cuisine. Bourdon s'en était éclairé avant de s'endormir.

Mis en présence du mort, Alorto demeura d'abord impassible. Mais Rossignol avait découvert une flaque d'eau dans l'escalier qui conduit au premier étage. Dans cette mare, il y avait la trace d'un pas, onze empreintes de clous.

— Levez donc un peu le pied et montrez-moi votre semelle, dit le brigadier au prévenu.

Alorto hésita, puis obéit en poussant un soupir. Les onze marques ferrées étaient bien celles de sa chaussure. Les empreintes coïncidaient.

Alors le juge d'instruction dit :

— Vous ne niez plus ?

Le meurtrier répondit simplement :

— Voilà comment je m'y suis pris.

Et, sans nommer ses complices, il conta toute l'affaire. Il avoua que, le meurtre commis, tandis que ses camarades gravissaient l'escalier, l'émotion l'avait obligé de s'arrêter un instant : il avait laissé sur les marches, les traces qui l'ont perdu.

Quelques jours plus tard, comme il s'obstinait à taire les noms de ses complices, Rossignol arrêta un jeune souteneur du boulevard de la Villette, qui était lié d'étroite amitié avec Alorto.

— Je savais, dit-il, qu'Alorto courtisait la sœur de Tony, une jolie fillette de quinze ans, qui habite dans une seule chambre avec son frère, la maîtresse de son frère qui fait le trottoir et sa mère, une vieille qui a eu quatorze enfants et qui est aujourd'hui à moitié paralysée. Autant de misère que de vice ! On avait trouvé sur la tête de Tony une casquette qu'Alorto lui avait donnée ; et le garçon, après avoir découché la nuit du crime, ne pouvait pas fournir l'emploi de son temps. Le matin où je vins annoncer à Alorto que Tony était sous les verrous, il me dit :

— Je n'aurais jamais voulu faire un jour de prison pour un autre ; je ne veux pas qu'on en fasse moi ; Tony n'est pour rien dans l'affaire et, si vous le gardez, sa pauvre mère en mourra de chagrin. Faites-le-moi venir. Je l'obligerai à causer.

« J'amène Tony. Il tremblait de tous ses membres ; il commence par déclarer qu'il ne connait pas Alorto. Mais celui-ci l'interpelle vivement :

— « Dis la vérité. »

« Alors Tony déclara :

— Le soir du 19, j'ai vu Alorto dans une voiture avec le Manchot (Sellier), Catelain et Gras-du-Nez (Mécrant). Un cocher les conduisait à Auteuil.

— Ne parle pas du cocher, interrompit Alorto, nous l'avons lâché en route, il n'est rien pour nous.

Puis il demanda à Rossignol la permission de déjeuner une dernière fois avec son ami.

Avant de le quitter, il lui dit :

— Tu donneras le bonjour à ta mère, et tu la remercieras. Mon pied qu'elle m'a soigné est guéri.

Pour toi, tu viendras me voir couper la tête. Tâche de me voir, cela me fera plaisir. Je n'aurai pas peur.

A la suite de la déposition de Tony, les trois complices d'Alorto ont été arrêtés : Catelain, le garçon vidangeur qui était venu chez M. Chabaud pour accomplir son travail nocturne, et qui a été l' « indicateur » du vol ; — Mécrant, le commis épicier (voilà plus de trois générations que l'on s'appelle Mécrant dans cette famille-là, Mécrant, c'est-à-dire *mécréant*) :

— enfin, Sellier, l'ancien forgeron, dont le père a subi vingt condamnations et qui, lui-même, a renoncé au travail depuis qu'il a perdu le bras droit dans un accident de machine.

Avant de mettre les quatre meurtriers en présence les uns des autres, M. Guillot, qui connaissait son client, a imaginé une seconde confrontation dramatique d'Alorto et du mort. Sur son ordre, on a conduit le meurtrier à la Morgue, on l'a placé en face du cadavre en même temps que les gardiens introduisaient une vieille femme en deuil et tout en larmes.

— Alorto, a dit alors M. Guillot, en se tournant vers le prisonnier, vous êtes un garçon de cœur, vous aimez votre mère. Eh bien! en voilà une dont le fils a été tué. Elle demande vengeance.

A cette invocation de la *vendetta* dont tous les gens de son pays sont plus ou moins ensanglantés, l'Italien a baissé la tête et il a dit :

— C'est juste. Je vais vous raconter la chose comme elle s'est passée. Catelain, qui nous avait indiqué le coup, a fracturé le volet, il a fait sauter l'espagnolette. Nous sommes tombés dans le cabinet de travail. Il y avait des bougies dans les candélabres, on en a pris pour s'éclairer. Alors nous avons traversé le salon. La porte du vestibule était ouverte, Catelain et Mécrant ont aperçu un lit et l'un d'eux nous a crié :

— « Il y a un homme! »

« En entendant ça, j'ai sauté de l'avant, je suis tombé sur Bourdon, je lui ai serré la bouche. Mécréant et Catelain lui tenaient les jambes. Je l'ai attaché au fer de son lit avec le cache-nez du Manchot. Je disais :

— Ce n'est pas la peine de lui faire du mal. Il est vert, qu'il dise seulement où est l'argent.

« Mais Mécrant n'était pas de cet avis-là. Il a répondu :

— Ta! ta! je vais toujours lui f... un coup de *Jacques* (la pince-monseigneur).

— « Pour sûr il jaspinerait, » a conclu Sellier.

« Il avait à la main mon couteau qui lui avait servi pour l'effraction de la porte. Il en a donné trois coups à Bourdon qui n'a presque pas bougé. Il était déjà mort de peur. Voilà la vérité. Je sais bien qu'on m'enverra à la butte. J'en ai assez fait pour ça. Ça ne me servirait donc à rien de mentir, mais, croyez-le, si j'avais donné un coup de couteau je le dirais.

— « C'est bien mon avis, a conclu Rossignol. Depuis que je vois de près ce garçon-là, je suis frappé de sa loyauté. Tout ce qu'il m'a promis il l'a tenu. Ainsi, il s'était engagé à me donner des révélations complètes si j'obtenais une des photographies qu'on lui a faites au service anthropométrique pour l'envoyer en Italie à sa mère. Il a eu son portrait et il a parlé.

— Rossignol, me dit-il souvent, t'es une pestaille. T'es une bourrique, mais t'es un brave garçon.

« Il se laisse promener en fiacre par moi, sans liens, sans résistance. Mais il ne veut pas avoir affaire aux gardiens.

« On vous a conté que, l'autre jour, il avait mordu l'un d'entre eux. Vous n'imagineriez jamais pourquoi. Le gardien l'avait traité de « sale race ! » Il s'est mis dans une colère épouvantable.

— « Je ne veux pas, disait-il, qu'on insulte ma fa-
« mille ! Moi, je suis une canaille, c'est possible ;
« mais, eux, ce sont d'honnêtes gens ! »

« Et tout cela, vous savez, c'est sincère ; nous en voyons trop de toutes les couleurs pour que l'hypocrisie nous en impose. Et puis, on sait bien vite le fond d'un prisonnier, quand on vit avec lui. Pour celui-là il aura peut-être la tête coupée, mais je n'en garderai pas moins mon avis sur lui : ce n'est pas un mauvais garçon ! »

Je ne conclus pas. Je n'ai voulu jouer ici qu'un rôle de greffier, vous apporter quelques notes curieuses touchant la psychologie si complexe de l' « homme criminel ». Je souhaite seulement qu'au bas de cette page vous ne vous écriiez pas, comme un homme de lettres qui venait de lire ces lignes :

— Quoi, ces assassins n'ont pas dansé ? Ils n'ont pas allumé de bougies autour du cadavre ? C'était trop beau pour être vrai !

II

# LE SERVICE ANTHROPOMÉTRIQUE

Prado était bon prophète quand il disait dans sa première allocution à ses juges :

« Messieurs, on a voulu un procès tapageur, on l'aura. »

Ce n'était pas le motif même du crime qui avait fait de cet assassin un objet de curiosité publique. La foule a obscurément dans l'esprit qu'un crime est toujours une sottise, une *extrémité* où il faut être poussé par le besoin. Elle demeure surprise quand elle voit un homme intelligent et éduqué s'asseoir sur le banc des prévenus. Lorsque cet individu d'exception réussit à faire planer sur son nom et sur sa vie ce mystère qui grandit toutes choses, quand il parvient à demeurer l'Inconnu, alors l'imagination du public que rien ne limite plus, va tout de suite au bout des conjectures possibles; elle échafaude des histoires romanesques dont le coquin qui en était l'objet a souvent bénéficié.

Prado avait trop d'expérience des mœurs de la cour d'assises pour révéler aux juges sa véritable identité. Il a emporté son secret. L'ignorance de son vrai nom n'a pas empêché la loi de l'envoyer à l'échafaud comme Campi, cet autre accusé ironique et muet. La loi a eu raison sans doute. Il ne faut pas donner la prime de la vie sauve à l'habileté plus grande du criminel.

Cela dit, avouez que c'est pour le magistrat une aventure fâcheuse d'envoyer dans l'autre monde un individu dont il ne connait pas le véritable nom. Il ne se résout à cette extrémité qu'après l'épuisement de tous les moyens de reconnaissance que met à sa disposition l'ingéniosité de l'esprit moderne. Parmi ces moyens presque merveilleux celui dont les résultats semblent entre tous surprenants, c'est l'*anthropométrie* que M. Alphonse Bertillon, chef du service d'identification à la préfecture de police, a imaginé d'appliquer aux prévenus du Dépôt.

Il y a longtemps que la police s'efforce de reconnaitre les malfaiteurs malgré eux. Depuis donc que la photographie a fait de si rapides progrès on a cherché à conserver dans les archives de la préfecture, les portraits des individus arrêtés. Mais, en l'ignorance d'une méthode plus parfaite, on avait classé tous ces renseignements par ordre alphabétique. C'est dire que cet encombrant fatras de documents ne servait à rien. La plupart des récidivistes changent bien plus souvent de nom que de linge. Allez donc après cela retrouver, dans votre collection de quelques milliers de portraits, la photographie de l'individu que vous teniez entre vos mains. Ces difficultés avaient donné naissance à un petit commerce assez divertissant. La préfecture accordait une prime de cinq francs aux personnes qui reconnaissaient les arrêtés du dépôt. C'était là une gratification tentante pour les gardiens de prison. Ils demandaient aux vagabonds leur véritable nom et les engageaient à le cacher aux magistrats. C'était affaire à eux de révéler, sans difficulté, une identité qu'on ne leur avait pas célée. Le prévenu et le gardien partageaient les cinq francs à la sortie, et ces reconnaissances coûtaient bon an mal an, huit ou dix mille francs au Trésor.

C'est alors qu'intervint M. Alphonse Bertillon avec sa méthode scientifique. Elle donnait pour base à la découverte des identités la mesure des longueurs osseuses. Les hommes ne sont pas seulement de taille inégale. Leurs membres présentent des différences si caractéristiques qu'on peut affirmer qu'il n'y a pas sur la surface du globe deux individus ayant des longueurs osseuses identiques.

Supposez que vous ayez à classer 60,000 fiches de mensurations. La première mesure qui sert de base au classement parce que c'est une des plus variables — c'est la *longueur de la tête*. Chacune de ses mesures sera fractionnée en trois subdivisions *petites, moyennes, grandes*, qui correspondent bien entendu à des chiffres précis. Voici donc déjà que nous sommes en présence non plus de 60,000 fiches mais de trois paquets de 20,000 notes : 20,000 petites têtes, 20,000 moyennes, 20,000 grandes.

La deuxième mensuration est celle de la *largeur de la tête*, ces largeurs étant divisées à leur tour en *petites, moyennes, grandes;* ci : trois paquets de 6,600 fiches.

Puis intervient la mesure du doigt *médius* de la main gauche, avec les trois subdivisions générales, ce qui donne trois paquets de 2,200.

La mesure du *pied gauche* réduit la recherche au feuilletage de 700 cartes. Enfin, à la suite des mensurations de la *coudée*, de l'*auriculaire*, de la *longueur de l'oreille*, de la *couleur de l'iris*, de la *taille* et de l'*envergure*, on voit fondre le paquet presque jusqu'à l'unité.

Tous ces renseignements tiennent sur une fiche grande comme quatre cartes de visite, sur laquelle on colle, s'il y a lieu, deux photographies du prévenu, tandis que l'on inscrit au verso le nom, la profession, le motif de l'arrestation et les signes particuliers (grains de beauté, cicatrices, tatouages, etc.).

Le service anthropométrique a classé depuis le

1ᵉʳ septembre 1883 environ 80,000 de ces fiches. Il fait plus de 30,000 recherches par an.

Sept employés suffisent à toute la besogne. Et l'organisation économique de ce bureau est assez curieuse pour qu'on en parle. M. Bertillon se fit allouer par M. Bourgeois six mille francs, en échange des dix mille francs que coûtait précédemment la reconnaissance à 5 francs la pièce des gardiens de prison. Il acceptait la charge de payer à raison de dix francs aux susdits gardiens les reconnaissances qui auraient pu échapper à son personnel. D'après ces conventions, il prit d'abord neuf employés. Au bout de quelques mois, on constata que trois d'entre eux mangeaient inutilement au gâteau des 6,000 francs, les six autres demandèrent leur déplacement et l'obtinrent.

De même pour la photographie. Lorsque la besogne était faite par des opérateurs professionnels, on employait une glace différente pour chacun des deux clichés. M. Bertillon coupe son verre en deux.

Ce coup de diamant procure une économie annuelle de 3,000 francs. Et, avec cela, le service photographique est si bien organisé, qu'on se fait fort de livrer en une nuit 60,000 portraits d'un malfaiteur recherché par la police.

Voici maintenant comment on procède dans la pratique.

Chaque matin, entre dix heures et midi, toute la fournée des arrêtés du Dépôt est conduite par le collet jusqu'au service anthropométrique. On introduit les prévenus dans une grande salle sur les murs de laquelle ces mots sont écrits en grosses lettres :

LE SILENCE EST OBLIGATOIRE.

De petites stalles de bois, scellées dans le mur, font le tour de la pièce, un porte-manteau s'y trouve. Le prévenu ôte sa veste et une de ses chaussettes. Il doit se présenter en bras de chemise devant les employés du bureau. Tandis qu'on l'installe sous la toise, il indique son nom, sa profession, son lieu de naissance. Tous ces détails sont inscrits sous sa dictée sur la fiche qui recevra ses mesures, son portrait et ses signes particuliers. On se sert pour mesurer la tête d'un *compas d'épaisseur;* pour le pied et le médius, d'un *pied à coulisse.* C'est l'appareil des cordonniers, un peu perfectionné. L'ensemble de ces opérations exige bien juste une minute. Il n'en faut pas trois pour contrôler si le prévenu a déjà sa souche dans les dossiers du service, et pour glisser à sa place la fiche nouvelle.

Tout cela est classé avec un ordre si méticuleux que les 80,000 fiches tiennent dans une seule pièce qui n'est pas bien vaste. Imaginez des bibliothèques dont les rayons sont très rapprochés. Une multitude de petits tiroirs portent en étiquette l'indication des mesures relevées et garnit ces rayons.

Muni de la fiche que l'on vient de lui remettre,

M. Bertillon va tout droit au bon casier. On dirait un joueur d'orgue faisant manœuvrer ses tiroirs, tant son toucher est sûr.

— Voyons : tête moyenne, pied grand, médius 11,4, coudée 4,50. Cela doit être ici.

Il descend son petit tiroir, il bat son paquet de cartes. Et ça y est.

Si aucune souche ne correspond aux mesures qui viennent d'être relevées, c'est que le prévenu est un nouveau client du service. On classe alors la fiche et l'on envoie le compagnon à la photographie.

La méthode est si simple que lors de ma visite j'ai pu moi-même, confondre un monsieur qui prétendait visiter le service pour la première fois.

On fait entrer un grand beau garçon, élégamment vêtu d'un pantalon à larges carreaux, trop collant sur les cuisses.

— Pourquoi êtes-vous arrêté ? demande M. Bertillon.

— Hein! quoi? Pour Jeu de Sept.

C'est un jeu de bonneteur où les dés sont généralement pipés.

— Vous n'êtes jamais venu ici ?
— Jamais.

Il parle avec un petit accent étranger, indéfinissable.

— Cependant le commissaire de police qui vous envoie nous a demandé de faire à votre sujet de sérieuses recherches ?

— Ça m'étonne, monsieur ; je ne sais pas quelles sont ses raisons.

Je remarque qu'il a les yeux bien inquiets et qu'il tortille sa moustache brune avec une nervosité de mauvais augure.

— Passez sous les toises.

Quand il a la fiche dans la main, M. Bertillon me la remet et et me dit :

— Tenez, cherchez vous-même.

Je lis :

— Longueur de la tête, 187... C'est cette lignée perpendiculaire de tiroirs. Largeur dito, 148... C'est dans ce rang-là. Pied gauche, 259... Il faut chercher dans cette ligne horizontale. Taille, 1 m. 80... La fiche doit se trouver dans ce tiroir.

Je feuillette deux ou trois cartons. La voici : Les mesures sont identiques. Il n'y a pas une erreur d'un millimètre. La photographie est très ressemblante. Ce beau garçon n'a voulu modifier ni la coupe de ses cheveux ni la taille de sa barbe de peur de s'enlaidir.

On rappelle le bookmaker.

— Comment nous avez-vous dit que vous vous appeliez?

— Saint-Ernest.

— C'est bien votre nom?

— Oui.

— Est-ce que vous n'avez pas un grain de beauté derrière l'oreille? une cicatrice à la tempe, à cinq millimètres de l'extrémité du sourcil? une autre cicatrice, profonde celle-là, à la seconde phalange de l'auriculaire gauche? Montrez-moi votre main.

Toutes ces marques y sont.

— Vous ne vous appelez pas Saint-Ernest, mais Krompach. Du moins vous vous êtes fait condamner sous ce nom à trois mois de prison, comme souteneur.

— Ce n'est pas moi, monsieur !

— Non ? Regardez votre photographie. La reconnaissez-vous ?

Le jeune homme rit.

— Ils rient presque tous, me dit M. Bertillon, quand on leur montre leur portrait. Mais ne vous y trompez pas, ce sont les mêmes muscles qui font rire et qui font pleurer. Ce ricanement-là est très près des larmes.

C'est la production de la photographie qui cause le plus de confusion aux prévenus. Pourtant les employés du service anthropométrique ont bien plus de confiance dans les renseignements fournis par la mensuration que dans les indications des photographies. Toutes seules elles seraient une source perpétuelle d'erreurs. On m'a fait voir des clichés du même individu, exécutés à deux ou trois années de distance, qui sont entre eux sans rapport. Au contraire, les mesures de la charpente osseuse sont fixes. Elles ont permis de reconnaître à la Morgue des cadavres défigurés. Tout dernièrement elles ont aidé à prouver que le prétendu suicide d'un jeune malfaiteur relevé sur les fortifications avec une balle dans la tête et un revolver à la main était en réalité un assassinat. L'identité semblait impossible à établir. On trouva dans les fiches du service anthropométrique une note qui indiquait le nom des complices ordinaires du mort. On les rechercha. C'étaient les assassins.

J'ai demandé à voir la fiche de Prado. Il avait été photographié peu de jours après son arrestation, et avait encore le nez ecchymosé d'un coup de poing qu'il reçut dans le poste de police après son arrestation.

Les cheveux, presque noirs, étaient tenus ras, en pointe, sur le sommet du front, taillés en droite ligne le long de la tempe. Cette coupe faisait valoir un front très intelligent et bombé. Le reste de la figure me parut insignifiant. C'était le portrait d'un petit brun nerveux et sec. On ne soupçonnait point à la vue de ce visage par quel talisman Prado avait tourné la tête à tant de femmes dont quelques-unes étaient riches et jolies.

Je m'expliquai cet ensorcellement, une heure plus tard, à la séance de la cour d'assises. Je vis l'homme, assez mal, sous la lampe, mais je l'entendis. Sa voix chaude, étrangement musicale et caressante, faisait avec le débit monotone et convenu du président un curieux contraste. Là sans doute gisait le secret du charme de Prado. Le public lui-même n'y échappait pas. On guettait ses réponses avec impatience. Il y avait dans son parler de cosmopolite quelque chose d'enfantin et de doux qui ravissait l'oreille. Il ne mentait peut-être point tant qu'on pourrait croire, quand il se disait à demi Polonais. Un pur Espagnol aurait eu la gorge plus rauque. Sans doute ce musicien était sorti de la rencontre du midi de la neige avec le midi du soleil.

Croyez que l'on ne percera pas plus le secret de Prado que l'on n'a découvert celui de Campi.

M. Laguerre, qui fut l'avocat de Campi et reçut sa confidence, m'a conté, au sujet de son client, une petite histoire bien caractéristique de la rouerie de ces malfaiteurs-étoiles.

Campi portait sa barbe et ses cheveux presque hisurtes. Or, il savait qu'une personne se trouverait dans la salle d'assises qui aurait pu le reconnaître si on lui avait coupé la barbe.

Aussitôt il écrivit au président une lettre où il sollicitait la faveur de se faire raser.

M. Laguerre apprend cette démarche et accourt dans la cellule de son client.

— Voyons, lui dit-il, est-ce que vous perdez la tête ou est-ce que vous voulez la perdre?

Campi sourit discrètement et répondit :

— Monsieur Laguerre, je craignais que mes juges ne prissent l'initiative de me faire barbifler. Si j'ai sollicité cette grâce, *c'était pour qu'on me la refusât.*

## III

## LE TATOUAGE DES CRIMINELS

Il a été beaucoup question, cette d'hiver, de tatouage et de tatoués. Cette rumeur sortait d'une petite note, communiquée aux journaux par le service d'identification anthropométrique. Deux récidivistes fâcheux avaient été confondus en pleine audience, grâce à la présence, sur leurs corps, d'un tatouage signalé dans les dossiers.

— Vous affirmez, leur avait dit le tribunal, que vous n'êtes pas Chose et Machin, deux clients de nos prisons, eh bien ! relevez un peu vos manches. Nous allons voir si vous n'avez pas, là, sur le bras, vous, Chose, un tatouage d'ancre, vous, Machin, un numéro matricule.

L'ancre et le matricule y étaient.

Chose et Machin ont baissé la tête et on les a

envoyés fabriquer des chaussons de lisière sous les verrous.

Là-dessus le public, qui aime les coups de théâtre, a levé les bras d'admiration et il s'est écrié :

— Il faut avouer que ce service anthropométrique est une invention bien extraordinaire. Si seulement la mode pouvait prendre, parmi les coquins, de se décorer un peu les quatre parties du corps aussi aisément que s'est généralisée celle des casquettes à trois ponts et des pantalons-éléphant !

Des amateurs de causes finales ont vu l'intervention de la Providence dans ce fait que les malfaiteurs auxquels on épargne aujourd'hui la fleur de lis se stigmatisent eux-mêmes.

Aussi bien, à quoi tient-il que des gens qui ont tant d'intérêt d'échapper aux signalements, et qui poussent la précaution jusqu'à changer de noms une fois par semaine, aillent, de propos délibéré, s'infliger eux-mêmes des « signes particuliers » aussi caractéristiques que des tatouages ?

Je vois à cette contradiction au moins deux raisons.

La plupart de ces « chevaux de retour » sont des vaniteux : vaniteux de force physique, vaniteux de vaillance. Ils se soumettent volontairement au tatouage parce qu'il est douloureux et qu'il vous donne dans les milieux populaires bonne renommée de résolution.

Dumont d'Urville conte quelque part dans ses

voyages qu'il assista un jour à une de ces opérations artistiques :

« Le patient, dit-il, subissait cette opération
« sur la joue droite, la gauche étant déjà toute
« couverte de ces honorables marques. La femme
« qui tatouait avait étendu sur la peau une pré-
« paration noire, figurant les dessins qu'elle vou-
« lait exécuter. Elle se servait ensuite d'un petit ins-
« trument composé d'un os d'albatros, ajusté à angle
« droit sur le bout d'un manche de bois, ressemblant
« à une lancette de vétérinaire. L'os était tranchant
« à son extrémité, de manière qu'en frappant sur
« le dos du manche avec un bâton il ouvrait la peau
« et l'incisait profondément. Le sang coulait en
« abondance, mais l'artiste avait soin de l'essuyer,
« au fur et à mesure, tantôt avec le revers de la
« main, tantôt avec une spatule en bois. Lorsque la
« peau était entaillée, la couleur était déposée dans
« l'incision au moyen d'un petit pinceau. Le patient
« devait souffrir cruellement, et pourtant il ne pous-
« sait pas un soupir. »

Si vous aviez voulu vous édifier sur l'acuité de cette douleur, il aurait fallu vous informer près de l'homme et de la femme tatoués que l'on a exhibés dernièrement à Paris. Leur histoire est un exemple trop divertissant du puffisme américain pour que je ne la conte pas, en passant.

Il y a quelques années, les journaux new-yorkais annonçaient qu'un homme et une femme blancs avaient été enlevés sur les frontières par des Indiens du Far-West. Ces farouches Hurons leur faisaient subir le supplice du tatouage. Quelques jours plus tard on apprenait que P.-T. Barnum, directeur de cirque et philanthrope bien connu, organisait à ses frais une expédition militaire pour délivrer les deux prisonniers.

Dix-huit mois se passent. De petites notes, savamment espacées, entretiennent le feu de la curiosité publique. Enfin on fait savoir que l'homme et la femme ont été retrouvés, et que, désireux de témoigner à P.-T. Barnum la reconnaissance de son bienfait, ils ont l'intention de s'exhiber dans son cirque.

Inutile de vous dire, n'est-ce pas, qu'il n'y avait point d'Indiens, point de Far-West, point d'expédition, point de bataille ni de délivrance, mais seulement une couple de lurons qui, pour gagner une prime exorbitante, étaient venus se mettre en traitement chez le médecin de Barnum, dans sa propriété de Newport.

Ces deux sujets ont bien gagné leur argent, car s'il faut en croire les stigmatisés qui ont passé par cette épreuve, le tatouage *à plat* ou *en relief*, au fer chaud ou à la poudre, est une douleur que ni vous ni moi ne nous infligerions pour notre plaisir.

Les claque-patins sont d'un autre avis.

Ils voient là non seulement un témoignage de leur mépris de la douleur, mais aussi une espèce d'engagement pris avec eux-mêmes.

Il est curieux de remarquer que de toute antiquité le tatouage a eu ce caractère pour ainsi dire moral.

Isaïe et Hérodote content que les peuplades d'Asie imprimaient sur leur corps les noms de leurs dieux préférés. Il y a trace chez Jérémie que les Hébreux se faisaient de larges incisions sur la poitrine dans les cas de grande douleur. Les soldats romains — comme aujourd'hui la plupart des Alsaciens qui sont sous les drapeaux — portaient le numéro de leur légion sur la poitrine. Quinte-Curce et Pétrone parlent d'inscriptions infligées de force à des prisonniers de guerre pour leur laisser un souvenir impérissable, dégradant, de leur défaite.

Le tatouage est encore aujourd'hui un contrat signé sur la peau. Une fois sur deux c'est un serment d'amour ou de haine. La série de ces inscriptions n'est pas très variée. Côté des tendresses : vous lisez tantôt un nom de femme tout seul, tantôt une phrase de ce genre :

*J'aime Emma.*
*A Maria pour la vie.*

Côté des injures — ce sont presque toujours les magistrats et la police qui en font les frais :

*A bas les vaches !*
*Mort aux roussins !*
*A bas l'armée !*
*Gare à vous !*

Il y a aussi des cris de désespoir :

*Malheur à moi!*

Ou de révolte :

*Étoile du bagne.*

On a eu des exemples d'assassins qui s'étaient fait tatouer ainsi sur le corps tous leurs chevrons dans le crime, depuis la première condamnation jusqu'au coup d'éclat qui les avait fait prendre.

La pensée que c'est une bonne fortune pour les magistrats de déchiffrer sur la poitrine d'un inculpé l'histoire hiéroglyphique de sa vie, a fait pousser de hauts cris, quand on a su que le docteur Variot venait de trouver un moyen facile de supprimer les tatouages et qu'il avait obtenu l'autorisation d'effacer ces stigmates sur le corps des prisonniers.

— Voilà une découverte dont on se serait bien passé, s'est écrié M. Prudhomme en froissant son journal de colère. Comment, des criminels ont la sottise de donner barre sur eux à la police et on leur rend ces avances. Pourquoi ? par chevalerie ? par donquichottisme ? Avouez que c'est là de la pitié dont on aurait pu faire l'économie !

Il ne faudrait jamais parler que de ce qu'on connaît bien. Il semble que le service anthropométrique aurait dû être le premier à protester contre les expériences de M. Variot; or, j'ai là entre les mains une lettre qui a été adressée à ce docteur, par M. Alphonse Bertillon, chef du service d'identification, à la préfecture de police.

J'ai constaté avec plaisir, à la lecture de ce billet,

que M. Bertillon avait sur les devoirs de la pitié une opinion moins égoïste que M. Prudhomme.

« Tout le monde connaît, dit-il, les efforts tentés
« dans ces dernières années pour faciliter le relève-
« ment moral des détenus — efforts bien souvent
« vains, j'en conviens, utopie pénitentiaire peut-
« être, mais utopie à laquelle tous les fonctionnaires
« des prisons se sont fait un point d'honneur de
« croire.

« Votre procédé, mon cher Variot, sert ces inten-
« tions. A défaut du cœur et de la cervelle, il blan-
« chit incontestablement la peau... La première des
« mesures à prendre pour essayer de ramener dans
« le bon chemin ces sauvages de notre civilisation,
« serait de les amener à faire effacer *volontairement*
« ces inscriptions qui leur ferment la porte de tous
« les ateliers honnêtes. Pour un certain nombre
« d'entre eux, le simple acte de retrousser ses man-
« ches en travaillant constitue un outrage public à
« la pudeur. »

Voilà l'opinion bien nette du service anthropomé-
trique. Ceux qu'elle pourrait surprendre ne seront pas moins étonnés de savoir que M. Bertillon, en dehors de toute préoccupation humanitaire, n'attache au signalement de tatouage qu'une importance accidentelle.

Ils sont malins les chevaux de retour! Ils n'ont pas attendu la découverte de M. Variot pour parer à l'inconvénient de porter sur soi un dangereux casier judiciaire. Il y a longtemps qu'ils recourent à la superposition des tatouages pour dépister les magistrats. Vous aviez arrêté un homme qui avait un beau lapin sur la poitrine; vous le repincez deux ans après et vous lui dites :

— Je te reconnais; fais voir ton lapin.

L'homme entr'ouvre sa chemise et vous montre le portrait du magistrat qui l'a condamné. Quelle déconvenue pour le tribunal! Et notez que ces transformations se compliquent parfois d'échange : Machin emprunte à Chose son ancre et lui passe son numéro matricule; cela crée des confusions inextricables où la police patauge.

Le « détatouage » du docteur Variot ne la rendra ni plus ni moins habile; mais il pourra vous servir à vous, qui êtes un honnête homme, si, au beau temps de votre jeunesse, quand vous tiriez l'aviron, vous avez eu la naïveté de vous faire marquer des ancres sur les biceps.

C'est un signe qu'il est fâcheux de conserver, alors que, devenu père de famille, on jure à ses fils que, de sa vie, on n'a mis les pieds dans un bal de canotières.

## IV

## LA PRISON CELLULAIRE

Le projet de M. Bérenger, qui tend à supprimer la peine de mort pour substituer à ce mode d'expiation cinq années « d'emprisonnement individuel » suivies de perpétuelle prison, a remis en discussion la vertu et les inconvénients du régime cellulaire. C'est une question sur laquelle une foule de gens ont le droit de donner leur avis : les législateurs, les économistes les criminalistes, les philosophes, les médecins, les philanthropes, vous et moi, qui savons que les lois sont faites pour nous être dans l'occasion appliquées, et qui avons un intérêt bien naturel à ce que ces lois soient les plus justes et les plus humaines du monde. De là, sans doute, la passion avec laquelle, dans tous les milieux sociaux, a été discutée, soutenue et attaquée la proposition de M. Bérenger.

Dans une suite d'articles très remarqués M. Leveillé

a combattu ce projet avec des arguments qui semblent très forts. Le savant professeur de la Faculté de droit continue dans des conférences sa campagne « anticellulaire ». M. Leveillé est surtout préoccupé du côté économique de la question. C'est là un point de vue fort intéressant : il faudrait certainement renoncer à une application prolongée du régime cellulaire si ce mode de châtiment devait, comme M. Leveillé en est persuadé, devenir une lourde charge pour le contribuable. Quelque sollicitude que la société témoigne aux malfaiteurs, elle ne peut sans ridicule leur sacrifier les intérêts des honnêtes gens.

Mais l'application quinquennale du régime cellulaire peut être encore étudiée à un autre point de vue où se placent très volontiers les disputeurs : comme régime moral et hygiénique.

Nous avons conservé aux modes d'expiation présentement en vigueur en France le nom de système *pénitentiaire*.

— « Pénitentiaire, me disait un jour M. Leveillé lui-même, c'est un mot de droit canon, une déclaration étymologique que les châtiments sont combinés en vue d'amener le coupable à résipiscence. »

On a bien fait de conserver un mot qui exprime une idée aussi élevée. La foule ne veut pas voir seulement dans le châtiment la punition du coupable, elle souhaite son amendement. Et ce désir est un des arguments les plus honorables au service des adversaires de la peine de mort. Il est certain qu'il y a des consciences délicates à qui le châtiment répugne quand il ne laisse pas de place pour le repentir.

M. Bérenger, qui est de cet avis, souhaite donc de remplacer la décapitation par l'application du système cellulaire.

Toute préoccupation économique écartée, ce mode de châtiment atteint-il son but : l'amendement du criminel?

Croyez que c'est là une vérité d'expérience malaisée à connaître, et pour un nombre infini de raisons.

Elle ne peut être établie *a priori*, comme n'hésitent point à le faire les criminalistes, qui disent : « Un peu de cellule est bon, beaucoup de cellule cela doit être excellent. » Il faut ici d'innombrables enquêtes. Or, ces enquêtes-là, il n'y a guère que le personnel de l'administration qui les ait faites ; et l'on n'ouvre point volontiers les cellules à ceux qui sont soupçonnés d'apporter dans leur visite une volonté de libre critique. Alors même que la faculté de tout voir est accordée, les spécialistes d'occasion ne peuvent appuyer des jugements bien sérieux sur des visites trop rapides, presque toujours insuffisamment renouvelées : le prisonnier est habitué à la dissimulation et ne livre rien de soi-même. Il faut vivre quotidiennement avec lui pour surprendre un peu de son secret. Tous ceux qui ont visité des maisons de détention et à qui la liberté a été laissée d'interroger des prisonniers savent bien à quelle dissimulation particulière je fais allusion.

Vous demandez à un homme.

— Êtes-vous content du régime de la prison? Aimeriez-vous quitter votre cellule pour travailler, en commun, avec d'autres détenus?

Jamais l'homme ne se plaindra : il sait que le directeur, les gardiens ont l'oreille aux écoutes. Ce visiteur passera, on ne le reverra plus, tandis qu'ils restent, ce directeur et ce gardien de qui vient tout soulagement ou toute aggravation de peine.

Il faut donc, dans l'impossibilité où l'on est de grouper des documents d'enquêtes individuelles, s'en remettre presque aveuglément aux conclusions des rapports administratifs.

J'ai lu de près le plus récent de ces rapports, qui a été publié en 1885, sous ce titre : *Application du régime d'emprisonnement individuel en France*. Le questionnaire adressé par le directeur de l'administration pénitentiaire, M. Herbette, aux personnes qui approchent quotidiennement les prisonniers est très complet. Il porte sur tous les chefs principaux d'observation : l'état sanitaire, l'état moral, l'instruction, le travail, la discipline des prisonniers de cellule. Ces rapports, accompagnés de tableaux statistiques, sont signés par les directeurs, les médecins, les aumôniers et les instituteurs de Mazas, de la Santé, de la maison de Justice, de la maison d'Education correctionnelle, de la petite Roquette, des établissements des maisons d'arrêt, de justice et de correction des départements.

Bien entendu, ces observations ne portent que sur des prisonniers qui ont subi dans toutes ces maisons la plus longue durée d'incarcération cellulaire qu'autorise la loi française : un an et un jour.

Or, tous, tant qu'ils sont, ces directeurs, ces médecins, ces instituteurs et ces ecclésiastiques se montrent sans réserve partisans de l'emprisonnement individuel.

Les directeurs constatent que le régime cellulaire est considéré comme un adoucissement de peine par les prisonniers qui ont reçu de l'instruction et de l'éducation. Il les soustrait en effet aux humiliations de la vie en commun. Au contraire, la cellule est un épouvantail pour les récidivistes, qui usent de tous les artifices imaginables pour en sortir : ils simulent des attaques d'épilepsie, des chagrins bruyants, des larmes hypocrites; ils ébauchent des tentatives de suicide lorsque les gardiens viennent à entrer chez eux pour les besoins du service; ils feignent d'avoir à révéler de nouveaux crimes au juge d'instruction; ils mettent cette condition à leurs aveux que le magistrat obtiendra du directeur l'usage d'une cellule à trois pour le révélateur.

D'ailleurs l'emprisonnement cellulaire assouplit les caractères les plus indomptables. On a constaté que, plus un homme est doué de force physique, plus il est aisément maîtrisé par l'isolement. Du coup on supprime cette mauvaise gloriole qui porte certaines natures à tirer vanité de l'insubordination lorsqu'elle a des témoins. C'est ainsi que l'on a vu à Mazas un prisonnier sortant d'une maison centrale, qui se vantait de ne posséder presque point de pécule par le motif qu'il passait plus de journées au cachot qu'à l'atelier, briser en entrant en cellule le mobilier et les vitres de la pièce où on l'enfermait. Un mois plus tard, ce condamné, ayant reçu le pécule disponible qu'il avait acquis dans la maison centrale, envoyait spontanément cette somme au directeur de Mazas comme réparation du dommage qu'il avait causé.

Un autre effet du régime cellulaire est d'inspirer à l'homme qui vit dans une complète solitude le désir de travailler et de s'instruire. En 1884, en une seule année, à Mazas, 20 illettrés ont appris à lire; 80, à lire et à écrire; 120, qui savaient lire, se sont mis à l'écriture; 148, qui épelaient et signaient leur nom en entrant, ont appris à compter.

Une grande difficulté surgit pour donner du travail aux prisonniers cellulaires, car la plupart d'entre eux n'ont la pratique d'aucun métier, et il est impossible de leur en enseigner un. Ils trient des grains, collent des sacs en papier, cousent des couvertures aux cahiers d'école. Même quand ils ont acquis une certaine habileté de travail, jamais il n'ont autant de goût que les prisonniers d'atelier qu'excite la concurrence. D'autre part, jamais non plus on n'obtient d'eux qu'ils se hâtent dans leur travail. Ils ont du temps devant soi. Sur dix prévenus qui sollicitent une occupation avec instance, il n'y en a pas trois qui consentent à se presser.

Quand la besogne manque tout à fait, le désespoir apparaît accompagné des désirs de suicide. Il y a dans ces rapports officiels quelques exemples de suicide qui font frémir par la profondeur de désespoir et l'énergie qu'ils supposent. Il va sans dire que les prisonniers sont étroitement surveillés et qu'il leur faut déployer une adresse extraordinaire pour tromper la vigilance de leurs gardiens. Mais comment empêcher un homme qui est décidé à mourir d'exécuter son projet? A la maison de dépôt et d'arrêt, un prévenu a pu, étant couché, et ayant ramené la couverture jusqu'à la moitié de son visage, s'étrangler avec un morceau de son drap, sous les yeux mêmes du surveillant qui le croyait endormi. Un autre, après trois tentatives déjouées, à réussi à s'empoisonner avec de la nicotine extraite de son tabac à chiquer; un autre, avec des pilules de digitaline qu'il avait cachées, au jour le jour, puis avalées en une seule prise.

Les médecins affirment que ces suicides ont des raisons purement morales, psychologiques, et qu'ils ne sont point du tout engendrés par des troubles mentaux. Le médecin en chef de Mazas, M. de Beauvais, n'hésite pas à déclarer « que le régime cellulaire ne provoque ni n'aggrave les maladies en général; les phtisiques, les asthmatiques, les malades atteints d'affections organiques du cœur ne paraissent pas plus souffrants à Mazas qu'à l'hôpital et ne meurent pas plus rapidement qu'à la ville ».

D'autre part, il paraîtrait que « la folie due exclusivement au régime cellulaire est la rare exception, et qu'une foule de circonstances inhérentes au prisonnier même, mais étrangères à la cellule, la déterminent de préférence. Le régime cellulaire peut en effet, provoquer des accès, des crises de folie véritable chez les gens prédisposés héréditairement ou atteints antérieurement d'aliénation mentale; mais, en thèse générale, il ne détermine presque toujours que des accidents passagers, de simples congestions cérébrales, des délires momentanés chez des individus dont la santé, avant l'incarcération, était indemne de folie soit héréditaire, soit alcoolique, soit épileptique. »

Le docteur de Beauvais est certainement sincère, mais si, de son aveu même, une seule année de régime cellulaire suffit à provoquer des « accidents passagers » dans la raison d'incarcérés tout à fait sains d'esprit à leur entrée en prison, dans quel état mental la cinquième année de cellule trouvera-t-elle ces reclus?

J'ai eu la pensée d'interroger là-dessus un philosophe qui a l'habitude et le goût de ces questions où la psychologie et la physiologie s'épousent. Il ne m'en voudra pas de publier ici un avis dont il ne se cache point. Il serait bien à souhaiter que, dans un débat qui intéresse si fort le public, beaucoup d'autres opinions de cette valeur consentissent à se faire connaître.

— J'ai visité, m'a dit M. Jules Simon, les prisons de Belgique, où vous savez que le régime cellulaire est appliqué jusqu'à dix ans de suite. Dans cette fréquentation je me suis formé l'opinion certaine que la raison de l'homme ne résiste pas à dix années de solitude en face de soi-même. On m'avait laissé toute liberté pour interroger les détenus; je venais souvent les voir; ils me connaissaient, et ma visite était certainement un plaisir pour eux. C'est une telle joie que de voir un visage d'homme et d'échanger une parole avec son semblable lorsqu'on vit dans une pareille réclusion! Je me souviens que le directeur, qu'on appelle là-bas le « gouverneur », eut devant moi, avec deux prisonniers, les conversations suivantes :

— Vous êtes malade, mon ami?
— Oui.
— De quoi souffrez-vous?
— Je ne peux plus manger.
— Est-ce que l'ordinaire de la prison vous répugne?
— Non.
— Voulez-vous que je vous fasse donner le régime de convalescence?
— Ça m'est égal.

« Nous en avions trouvé un autre — celui-là en était

à sa septième année de cellule — étendu sur son lit, tout à fait immobile, et en apparence indifférent à notre visite. Sans maladie caractérisée, il se mourait.

« Le gouverneur lui demanda doucement :

— Vous êtes triste ?

« Il répondit :

— Je m'en vais.

— Voulez-vous que je vous fasse transporter à l'infirmerie ?

— Non, c'est inutile maintenant. Je n'ai plus que bien peu de temps à vivre. Je mourrai ici.

« D'autres prisonniers que j'ai questionnés moi-même sur leur état mental m'ont répondu ;

— Certainement, monsieur nous ne sommes pas bien. Il y a des jours, des heures, où notre tête s'en va. Nous serions mieux dans la maison.

« C'était la maison de fous qu'ils voulaient dire.

« Quant à l'influence du régime cellulaire prolongé sur l'amendement moral, des exemples que j'ai eus sous les yeux ne me donnent pas lieu de croire à son efficacité.

« Un prisonnier disait devant moi au gouverneur :

— Je suis bon catholique... Je me confesse souvent...

« Mon compagnon parut se révolter et répondit violemment :

— Laissez-moi tranquille avec vos momeries !

« Je lui demandai très étonné :

— Pourquoi traitez-vous si durement cet homme ?

— Parce que, me dit-il, ce sont tous des hypocrites. Ils ne vont aux Récollets que par distraction, pour le plaisir de bavarder et de voir une figure humaine. Le repentir n'entre pour rien dans leurs dévotions. Tenez, si vous souhaitez vous édifier vous-même, interrogez donc un peu ce pénitent-là.

« Je fis ce qu'il me conseillait et je demandai à l'homme :

— Pourquoi êtes-vous ici ?

— J'ai tué mon frère.

« Alors le gouverneur intervint :

— Vous étiez sabotiers ?

— Oui, monsieur le gouverneur, tous les deux.

— Vous couchiez ensemble et vous avez tué votre frère d'un coup de maillet sur la tempe, pendant la nuit. Votre crime était prémédité, car, en vous mettant au lit, vous aviez caché votre arme sous le traversin.

« L'homme baissa la tête sans répondre.

« Je lui dis :

— Quand vous avez eu tué votre frère, qu'avez-vous fait ?

— Je me suis recouché à côté de lui, j'ai attendu le jour.

— Alors ?

— Alors je l'ai porté sur mon dos jusqu'à la rivière et je l'ai jeté dedans.

— Vous vous repentez du crime que vous avez commis ?

— Oh ! monsieur, je suis un grand coupable ! Les hommes m'ont puni, pourvu que Dieu me pardonne !

« Il avait récité cette phrase comme une leçon, tout d'une haleine. Pour voir s'il mentait, je lui tendis une pièce ; je lui demandai :

— Pourquoi avez-vous tué votre frère ?

« Aussitôt l'attitude du prisonnier changea, le sang lui sauta au visage, ses yeux étincelèrent, et il me répondit avec une subite montée de colère :

— Monsieur ! il n'y en avait que pour lui à la maison. Mon père le préférait en tout ! J'étais mis sous lui, je ne comptais pas, j'étais sacrifié !

— Voilà l'homme, me dit le gouverneur, quand la porte de la cellule fut refermée. Supposez que le frère ait réchappé de sa blessure et ouvrez à ce gredin-là les grilles de la prison : Caïn tuera Abel une seconde fois.

« Je ne répondais rien, je songeais en moi-même que la perversité, quand elle est une fois entrée dans une âme, c'est comme un poison subtil enfermé dans un flacon bouché à l'émeri : ouvrez au bout de vingt ans, le poison a conservé sa vigueur mortelle. »

Est-ce parce que j'avais entendu M. Jules Simon avant de lire les rapports officiels des aumôniers que j'ai feuilleté avec tant de scepticisme les pages optimistes que les confesseurs des prisonniers ont écrites sur le bon effet du régime cellulaire au point de vue du repentir ? Ces excellentes personnes ont un si vif désir d'amener les coupables à résipiscence qu'elles voient l'amendement partout, alors qu'en réalité il demeure une exception.

Il faut une singulière finesse pour démasquer l'hypocrisie des détenus, et cette habileté ne paraît point très compatible avec une foi ardente. Le zèle même peut ici entraîner trop loin des esprits un peu ordinaires. M. Jules Simon m'a conté à ce sujet une bien jolie anecdote que je cite pour finir. Qu'elle vous soit une bonne preuve des difficultés que l'on rencontre dans la pratique et le discernement du bien.

M. Jules Simon s'était fait montrer la liste des ouvrages que l'on mettait à la disposition des prisonniers. Il vit que l'on avait passé un trait sur je ne sais plus quel livre de Bossuet, inscrit au programme.

— Qui a biffé cet ouvrage-là ? demanda-t-il au gouverneur.

On lui répondit :

— L'aumônier.

— Et vous a-t-il donné les raisons de son excommunication ?

— Oui. Il paraît que c'est un livre gallican.

V

# LES MAISONS DE RETIRANCE

Les Parisiens ont appris avec une joie très vive que le quartier Maubert était condamné, que la pioche s'était mise dans ce carré de bâtisse, qu'on allait enfin détruire ce nid antique de bandits, de rats et de vermine.

On a bien fait d'effacer cette tache de lèpre sur la face radieuse du nouveau Paris ; — mais a-t-on pensé que la purification de ce sol allait être payée de beaucoup de souffrance, si la Ville n'ouvre pas un asile aux malheureux qu'elle déloge ?

Au cœur de Paris, le quartier Maubert, avec ses chambrées, était le carrefour où ceux-là faisaient leur dernière halte d'espérance qui, demain, n'auront d'autre alternative que le suicide ou le crime.

Ceci n'est point de la rhétorique. Laissez lever

les épaules aux gentlemen très sceptiques qui vous diront :

— « Eh ! oui ! la rue des Anglais, la rue Galande ! Nous connaissons tout cela ! Nous avons été déjeuner au Château-Rouge avec des demoiselles. La cuisine y est excellente. »

Moi aussi, je croyais le connaitre, le quartier Maubert, parce que j'avais poussé la porte de quelques cabarets à fresques, mangé « une cerise » au bord des comptoirs, dans la première salle, en causant avec le patron. Mais la vraie pièce, je ne l'avais pas regardée. Je vous l'assure, bien peu de gens l'ont contemplée de près, — même parmi ceux qui la racontent avec des détails pittoresques. Aussi bien, à présent que j'ai vu se lever le rideau sur le vrai drame de la souffrance parisienne, je ne me console pas de penser que certaines misères ne se nomment point, ne se décrivent point, passent les mots, et que mon récit ne pourra vous communiquer l'angoisse dont vous auriez été saisis vous-mêmes si vous aviez vu.

C'est Rossignol, le célèbre brigadier de la Sûreté, qui, l'autre soir, a dirigé notre promenade.

— « Vous êtes entrés, nous avait-il dit, dans les rez-de-chaussée de la « Maub », mais êtes-vous jamais montés dans ses hôtels à coulisses, à triples issues, moitié cabarets, moitié garnis, moitié maisons publiques ? C'est là ce qu'il faut visiter. »

Rossignol est bien le meilleur guide qu'on puisse

rêver pour de semblables expéditions. D'abord sa présence est un paratonnerre contre les orages. Il est connu de tout le monde dans ces endroits-là. On feint de l'interpeller familièrement :

— « Qui que tu viens faire ici, Moustique? Y a rien à frire pour toi, mon garçon! N'y a plus qu' d'honnêtes gens ici ! »

Au fond, on le redoute. On ne quitte pas du regard son œil clair. On se sent vers lui un vertige de dénonciations et d'aveux.

Ensuite Rossignol est un psychologue. La fréquentation des pires gens, un scepticisme étagé sur des expériences décisives ne lui ont point desséché le cœur. Il est d'avis qu'il y a encore plus de malheureux que de méchants. Ce brave garçon semblait tout satisfait à la pensée que sa soirée n'était pas perdue puisque nous signalerions dans les journaux une misère à soulager.

Donc, une heure du matin était proche quand nous sommes entrés au Château-Rouge en compagnie de Rossignol.

Deux mots de conversation à voix basse avec le patron qui fait un petit signe de tête. Il a compris. Il appelle un beau garçon, très brun, soigneusement rasé, les moustaches fines, l'air adoré des dames :

— « Conduis ces messieurs. »

Derrière le beau gas nous traversons un vaste hall, plein d'une foule hurlante, gesticulante, immonde, déguenillée. Notre entrée ne fait qu'accroître le bruit et le tumulte. On se pousse vers nous. On nous entoure ; des mains palpent nos vêtements :

— « Monsieur... un peu de tabac... payez-moi un verre... une soupe, monsieur...faites-moi donner une soupe. »

Ce sont les souteneurs, les filles, les alcooliques,— la clientèle de la cour d'assises. Nous tâchons de nous dépêtrer ; ce n'est pas ce peuple-là que nous venons voir. Et nous entrons dans une troisième salle plongée dans les ténèbres.

— « La Chambre des Morts ! » murmure le beau garçon en élevant sa bougie.

Il y a des bancs, des tables ; dessus, des formes affalées, des tas de guenilles indécis. La lueur a troublé ces sommeils d'ivrognes. Des profondeurs de la salle, sous les bancs, des grognements montent, comme il s'en élève dans les ménageries quand l'allumage de la rampe trouble le sommeil clignotant des fauves.

On a reconnu Rossignol. Des figures qui se soulevaient replongent bien vite entre les bras.

— « J'ai des camarades par ici, dit-il en riant ; mais que tout le monde dorme. Je ne viens pas pour travailler. »

Et la bougie s'éloigne. La « Chambre des Morts » rentre dans l'ombre, dans son silence pesant, scandé de ronflements et de hoquets.

Le patron nous a distribué des chandelles pour visiter au premier étage la salle de « retirance ». Nous montons, toujours précédés du beau gas. Il prend au sérieux son rôle de cicerone. Il soigne ses effets. Il les gradue. Il a réservé pour le dernier acte le « tableau » du dortoir.

En haut de l'escalier obscur, il nous arrête du geste; puis, levant sa lumière, il crie d'une voix de bonisseur :

— « La bataille de Champigny ! Admirez le panorama? »

Vous y avez rêvé, n'est-ce pas, quelquefois, le soir, dans vos lits, à ce champ couvert de formes humaines, de sommeils qui ne respirent pas, qui ne finiront plus? Vous avez frissonné à l'horreur devinée des bouches entr'ouvertes, des faces convulsées, silencieuses. Eh bien ! je vous le jure, la moisson de la bataille est moins effrayante que cette jonchée de misérables. Car les soldats, eux, ils montrent les blessures extérieures, ouvertes, par où leur vie a coulé ; leur douleur est finie : ils ne se battront plus. Mais la blessure de ceux qui gisent là reste cachée ; elle est intérieure, elle est à l'âme; elle laisse les corps vibrants pour la souffrance ; — et tous ces sommeils se réveilleront.

Sous les frises dédorées d'un plafond où à travers l'encrassement des peintures perce encore le blason de la maîtresse de ces murs, Gabrielle d'Estrées, ils dorment, les sans-logis, à plat sur le sol, la tête, en guise d'oreiller, un peu haussée par leurs souliers. Leurs pieds blessés, leurs pieds d'errants s'enveloppent comme dans un bandage dans les « croisés » de la chaussette « russe ». Ils sont si serrés, si collés les uns aux autres, qu'on hésite à enjamber leurs corps. On a peur d'écraser de la chair.

Il y en a des vieux et des jeunes. Oui, de tout jeunes gens. Et ceux-là, les yeux se mouillent à les voir. Leur vigueur terrassée m'a plus ému que la souffrance amaigrie des anciens.

C'est qu'en entrant dans ce royaume des fatalités atroces, on renonce aux chimères, on accepte sans révolte les cruautés du destin. Il est naturel que les vieux souffrent : ils sont les usés, les hors de combat, les inutiles. Mais les jeunes, ceux qui ont du cœur et des bras pour la lutte, — on ne supporte pas de les voir là.

... Une heure encore, et l'on viendra réveiller ces dormeurs. On les poussera dans la rue, pour obéir au règlement qui, à deux heures de nuit, ferme les cabarets. Alors leurs pieds rechaussés, les mains dans les poches, grelottant, ils iront devant eux, guettant le lever du jour où la loi permet qu'on s'assoie. Pour désigner ces nocturnes promenades, l'argot a inventé un mot poétique et doux. On appelle cela « filer la comète ». Entendez que tous ces manants s'en vont, les yeux levés vers les étoiles, au-devant du matin, toujours trop lent à paraître, car il ramène avec soi l'espérance.

Que deviendront ces malheureux quand on aura jeté par terre leur dernier gîte ?

Ne dites pas : « Les asiles le recueilleront. » Les asiles sont pleins, ils laissent tous les soirs à leurs portes des mendiants de lits. Ne dites pas non plus : « Ils émigreront vers les quartiers populeux. » Il n'y a plus de place pour eux de ce côté-là. Les démolisseurs n'auront pas plutôt fini d'enlever les derniers décombres de la « Maub », qu'ils attaqueront la rue Sainte-Marguerite, là-bas, dans le faubourg Antoine. On comblera la « Fosse aux lions » comme on a rasé le « Palais de Carton », la « Cité de la Femme en Culotte ». Ce n'est point d'ailleurs dans les faubourgs que ces vieux, ces jeunes gens sans travail trouveront les quelques sous qui les empêchent de mourir et qu'ils gagnent autour des Halles, dans de rudes besognes de biceps.

J'adresse donc ici une prière très ardente au Conseil municipal de la Ville de Paris.

Il y a dans cette assemblée des gens de cœur que la politique n'a pas desséchés, que la souffrance des malheureux attriste. Qu'ils aillent, ceux-là, le jour le plus prochain, faire en compagnie de Rossignol la tournée des « maisons de retirance ». S'ils voient ces douleurs de leurs propres yeux, je suis bien tranquille, ils y trouveront un remède.

Ce sera quelque baraquement provisoire, un toit de planches — mais un abri. Cela sera dressé, pas trop loin des Halles, pour que les vieux qui n'ont plus de jambes puissent se trainer jusqu'à la soupe, pour que les jeunes qui n'ont pas de travail trouvent à glaner quelque « corvée ».

Cela coûtera peu d'argent à établir. Et pourtant ce sera une grosse économie de crime et de douleur.

## IV

## CEUX QUI SE TUENT

J'ai l'habitude de sauter toujours dans un journal les articles hérissés de chiffres; c'est sans doute un vieux souvenir de collège, une haine passée dans le sang pour tout ce qui ressemble aux quatre règles et aux opérations qui en découlent. Il y a pourtant une catégorie de statistiques pour qui je viole cet instinct : toutes celles qui par le groupement de faits psychologiques semblables et scientifiquement observés instruisent sur les passions sur les mobiles généraux de l'activité humaine.

Parmi ces mouvements psychiques il en est un dont l'évolution intéresse entre tous : celui qui porte un être humain à supprimer volontairement sa vie.

Voici donc des années que je collectionne, pour surprendre le secret de l'anormal dégoût d'être, les statistiques officielles du suicide. Un hasard vient de faire coïncider chez nous la publication de ce document pour l'année 1887 avec l'apparition d'une circulaire — signée du directeur des affaires criminelles de Londres — qui indique les moyennes et les causes de suicides survenus en Angleterre pendant le même laps de temps. Ces deux enquêtes aboutissent à des résultats à peu près identiques; peut-être la proportion de spleenétiques et d'alcoolisés est-elle un peu plus forte pour Londres que pour Paris. Mais, dans ses grandes lignes, le classement des désespérés est le même pour les deux pays. Et certainement la lecture de ces tableaux est pour redresser quelques-unes des opinions préconçues que l'on se forme sur les dégoûtés de la vie et sur les motifs de leur rancœur.

Je suppose que l'on discute devant vous cette question du suicide et que l'on vous demande :

— Quelle catégorie de malheureux font à votre avis le plus facile sacrifice de leur existence, les hommes ou les femmes ?

Vous affirmerez sans hésiter :

— Les femmes parbleu !

Et vous fondez votre induction sur la connaissance générale du caractère passionné, primesautier, capricieux, violent, irréfléchi de la femme.

Or, si vous consultez mes tableaux, ils vous répondront :

— Le nombre de 7,562 suicides relevés cette année se décompose dans les deux fractions suivantes :

5,964 hommes et 1,608 femmes seulement ; soit, trois hommes et demi pour une femme.

Vous ouvrez les yeux très grands, vous hochez la tête ; au moins comptez-vous bien vous rattraper sur un autre chef : l'induction des motifs qui déterminent ces morts volontaires.

— Est-ce la misère, les chagrins domestiques, ou l'amour et la débauche qui font le jeu de la mort ?

Vous répondez sans hésiter :

— Evidemment la misère doit être la plus fréquente inspiratrice des suicides. Les chagrins domestiques — dont l'engeance pullule certes par le monde ! — pourraient bien venir au second rang. Quant à l'amour, il arrive bon dernier. C'est toujours la même fillette et le même mitron qui allument tous les ans le même réchaud de coke, dans la même mansarde.

Eh bien, vous n'y êtes point encore.

La misère ne vient qu'au bas de la liste des motifs pour lesquels on se détruit (888 *cas sur le total général* 7,572), puis c'est la « douleur de maison », comme on dit au delà de la Loire, qui fait le moins de victimes (1,031 *id.. id.*)—, l'amour et le vin sont les grands meurtriers (1,125, *id., id.*)

On ne saurait discuter ces chiffres, établis sans prévention, par des employés de greffes qui n'ont point intérêt à mentir ; d'ailleurs, le renversement des opérations statistiques confirme — comme la preuve par la croix de Saint-André — ces totaux déconcertants. Aussi bien, dans le cas où la misère serait la plus active des pourvoyeuses, il faudrait s'attendre à voir les mois d'hiver où la vie est insoutenable au pauvre monde charrier le plus de morts désespérés. Or, pour la France comme pour l'Angleterre, c'est précisément à l'époque du renouveau, au mois des fleurs, au mois des moissons qu'ont lieu le plus grand nombre de départs (juillet 781 *cas*), tandis que c'est pendant les mois sans pain ni feu (novembre, 506 *cas*), (décembre, 455 *cas*), que la fièvre du suicide semble se ralentir.

Mon portier a eu là-dessus un mot profond. Je l'ai surpris en passant la tête par son carreau, pour réclamer mon journal. Il tenait tout justement la feuille dépliée, et lisait à sa femme les conclusions du rapport officiel.

— *Ils* attendent les étrennes! a prononcé M. Cardinal avec un pli de dégoût qui lui donne grand air, de chaque côté de la bouche.

Et M<sup>me</sup> Cardinal a répondu comme un écho :

— Faut-il vraiment qu'il y ait des gens canailles!

Si canailles que cela, madame Cardinal?

Je viens de la relire la liste noire, la tête dans les mains, et vraiment, si je vois clair au travers de toute cette encre, les malheureux qui ne se décident pas à « sauter le pas » le 31 décembre et qui « remettent » me semblent très dignes de pitié. Elle est si naturelle, ma bonne madame Cardinal, si humaine, cette lâcheté qui vous offusque, ce raccrochage à l'espérance d'une bonne année...

Si, au lieu de vous en tenir aux feuilletons de votre *Petit Journal*, vous aviez, ma bonne madame Cardinal, la curiosité de vous instruire des mystères du cœur humain, je vous conseillerais de lire un bien beau livre qui a été écrit par un homme de génie, dont probablement vous ne connaissez même pas le nom, la *Maison des morts* de Dostoiewsky. Vous y trouveriez des mémoires écrits, presque au jour le jour, par un homme qui avait été condamné au rude travail des forçats, dans un pays terrible et bien lointain, la Sibérie. Il vivait au milieu des plus malheureux des hommes, les condamnés aux travaux perpétuels, qui n'attendent d'autre terme à leurs maux que la venue de la mort. Cependant, aucun de ces misérables ne souhaitait sa visite ni ne devançait son approche; au contraire, en hommes qu'ils étaient, ils avaient trouvé moyen de se forger une espérance. C'était, au prix du knout et de la cellule bravés, l'espoir de boire, une ou deux fois par année, une goulée d'eau-de-vie aux lèvres mêmes d'un bas surveillant de prison qui, lui, pouvait s'enfler les joues dehors. L'attente de cette sensation courte et répugnante suffisait pour entretenir chez des hommes le goût de la vie.

Ne vous étonnez donc point de voir les désespérés hésiter au seuil de la nouvelle année et faire au hasard un crédit de six mois. C'est le dernier recours.

Les suicidés surnuméraires de juillet sont bien les hésitants de décembre. Leur patience est à bout, leur attente est mûre ; puisque les beaux jours n'ont point ramené le bonheur pour eux, ils ne veulent pas attendre le retour des mauvais : ils tombent avec la moisson.

Mais pourquoi trouvez-vous plus d'hommes que de femmes couchés sur ce champ de bataille des morts volontaires ? Faut-il croire, comme un staticien l'a dit, que les femmes possèdent dans un moins haut degré que les hommes la possibilité de souffrir ?

La lecture attentive des moyennes officielles me paraît donner le motif consolant de cet attachement de la femme à la vie.

Il y a moins de femmes que d'hommes qui se tuent pour la raison qui fait les suicides d'hommes mariés plus rares que les suicides de célibataires, et les suicides de veufs, pères de famille, plus rares que les suicides de veufs sans enfants.

C'est l'enfant qui vainc la mort.

Vous qui venez de lire ces pages, vous n'êtes point des désespérés, mais lequel d'entre vous peut se flatter, dans le secret de son cœur, qu'il a vécu son rêve, tout son rêve, et connu la vie aussi bonne qu'il l'avait imaginée ? Des déceptions sentimentales ont jeté sur votre jeunesse une ombre de mélancolie, après ça été toutes ces blessures d'âme qu'on reçoit dans la mêlée des intérêts ennemis. Dans cette bagarre, la sensation de votre isolement vous a poussés à fonder une famille, à vous ouvrir un asile où vous pourriez faire retraite.

Et l'enfant est venu.

De ce jour, vous n'avez plus cherché le but de la vie. Vous avez compris que vous aviez dans le monde une fonction passagère, l'utilité d'un anneau dans une chaîne qui ne doit pas être rompue. Et vous avez été surpris de sentir que cette présence d'enfant vous donnait pour la lutte de chaque jour une force que rien ne vous avait inspirée dans un degré si haut — rien, pas même l'ambition, pas même l'amour...

C'est que l'enfant, c'est la revanche. C'est vous-même hors de vous-même recommençant la vie; — pour les plus abandonnés, c'est la défense de désespérer.

Et c'est pour cela que la femme, qui aime mieux l'enfant que ne fait l'homme, parce que son instinct est plus fort, supporte sans plier l'épreuve, — c'est pour cela que le père qui rentre dans la maison où le sourire de celle qui l'a aimé ne l'accueillera jamais plus, n'est point pris du vertige devant ce vide immense... Les berceaux sont bien forts contre les tombes.

# TABLE

### LA QUESTION DE L'ENFANT

| | | |
|---|---|---|
| I. | L'asile maternel | 1 |
| II. | La maison des « Jésus » | 13 |
| III. | Les disgraciés | 22 |
| IV. | Les enfants au théâtre | 30 |
| V. | Les enfants criminels | 39 |

### LA DÉFAITE DE LA FEMME

| | | |
|---|---|---|
| I. | Boarding-Schools | 51 |
| II. | Une ruche de divorcées | 61 |
| III. | Les coucheuses | 68 |
| IV. | Une visite à Saint-Lazare | 74 |
| V. | Le relèvement | 88 |

### MÉTIERS D'HOMMES

| | | |
|---|---|---|
| I. | Les tueurs | 99 |
| II. | L'aboyeur de journaux | 112 |
| III. | Le ramasseur de « mégots » | 120 |
| IV. | Les aigrefins | 127 |
| V. | Les bonneteurs | 141 |

| | | |
|---|---|---|
| VI. | Les lotteurs | 148 |
| VII. | Les « dispachers » | 162 |
| VIII. | Les faussaires | 171 |
| IX. | Où ils couchent | 180 |

## LES IVRESSES

| | | |
|---|---|---|
| I. | L'économie de la douleur (Les stupéfiants) | 195 |
| II. | L'économie de la douleur (L'hypnotisme) | 215 |
| III. | La nicotine | 227 |
| IV. | L'alcool | 237 |

## LE DÉNOUEMENT

| | | |
|---|---|---|
| I. | Psychologie d'assassins | 247 |
| II. | Le service anthropométrique | 261 |
| III. | Le tatouage des criminels | 273 |
| IV. | La prison cellulaire | 281 |
| V. | Les maisons de retirance | 294 |
| VI. | Ceux qui se tuent | 302 |

ÉVREUX, IMPRIMERIE DE CHARLES HÉRISSEY

# VICTOR-HAVARD, ÉDITEUR

Collection in-18 jésus à **3 fr. 50** le volume

## GYP

| | |
|---|---|
| Le Druide, 20e édition......................... | 1 vol. |
| Dans l'Train, 16e édition....................... | 1 vol. |

## GLOUVET (Jules de)

| | |
|---|---|
| Marie Fougère, 25e édition..................... | 1 vol. |
| Le Père, 12e édition............................ | 1 vol. |
| La Fille adoptive, 5e édition................... | 1 vol. |
| L'Idéal, 3e édition............................. | 1 vol. |
| Croquis de Femmes, 3e édition.................. | 1 vol. |
| L'Étude Chandoux, 3e édition................... | 1 vol. |

## MAUPASSANT (Guy de)

| | |
|---|---|
| Une Vie, 32e édition........................... | 1 vol. |
| Bel-Ami, 57e édition........................... | 1 vol. |
| Mont-Oriol, 40e édition........................ | 1 vol. |
| La Maison Tellier, 19e édition................. | 1 vol. |
| Mlle Fifi, 13e édition.......................... | 1 vol. |
| Au Soleil, 11e édition.......................... | 1 vol. |
| Miss Harriet, 13e édition...................... | 1 vol. |
| Yvette, 16e édition............................ | 1 vol. |
| La Petite Roque, 18e édition................... | 1 vol. |
| Contes de la Bécasse, 13e édition.............. | 1 vol. |

## MAIZEROY (René)

| | |
|---|---|
| Les deux Femmes de Mademoiselle, 14e édition... | 1 vol. |
| Le Boulet, 12e édition......................... | 1 vol. |
| L'Adorée, 25e édition.......................... | 1 vol. |
| Petite Reine, 16e édition...................... | 1 vol. |
| P'tit Mi, 20e édition........................... | 1 vol. |

## MENDÈS (Catulle)

| | |
|---|---|
| Jeunes Filles, 6e édition....................... | 1 vol. |
| Jupe Courte, 8e édition........................ | 1 vol. |
| L'Homme tout Nu, 12e édition.................. | 1 vol. |
| Les Oiseaux Bleus, 5e édition.................. | 1 vol. |

Paris. — Typ. Ch. Unsinger, 83, rue du Bac

www.ingramcontent.com/pod-product-compliance
Lightning Source LLC
Chambersburg PA
CBHW060355170426
43199CB00013B/1873